Die Nachprägung der Clausthaler Ausbeute-Medaille aus dem Jahre 1677 erfolgt im Zusammenhang mit der Restaurierung des alten Münzgebäudes durch die Kreissparkasse Clausthal-Zellerfeld.

Technische Daten: Feinsilbermedaille 999, 40 mm Durchmesser, ca. 20 g Gewicht.

B. Gisevius · C. Küpper-Eichas · G. Löning · W. Schütze · C. Wiechmann

Die Münze
zu Clausthal

Beiträge zur Geschichte der Münzstätte

Oberharzer Geschichts- und Museumsverein e.V.
Studentenwerk Clausthal
Clausthal-Zellerfeld 1994

Inhaltsverzeichnis:

Zum Geleit

Die Sanierung der Alten Münze Clausthal hat mit ersten Planungsüberlegungen in den achtziger Jahren begonnen.

Mit der Freilegung von Fußboden, Wänden, Decken, Tragwerk und Keller wuchs in steigendem Maße die Problematik der Sanierung in Dach und Fach, aber auch das Verständnis für das alte Gebäude und seine Geschichte.

Nach und nach wurden Probleme offensichtlich, die durch die Behandlung des Gebäudes in der Vergangenheit entstanden waren.

Im Zuge der Planungs- und Bauarbeiten sowie der parallel laufenden restauratorischen Ermittlungsarbeit entstand der Wunsch, das Gebäude nicht nur wieder herzustellen, ein Studentenwohnheim und eine Cafeteria zu bauen, sondern auch die geschichtliche Entwicklung des Gebäudes zu erforschen, zumindest den wichtigsten Teil nachvollziehbarer Geschichte für die Öffenlichkeit aufzubereiten.

Eine Mitarbeiterin des Oberharzer Bergwerksmuseums und des Studentenwerks, Gesche Löning, und der mit der Sanierung des Gebäudes beauftragte Architekt Dr.-Ing. Claus Wiechmann übernahmen es, das Aktenarchiv des Oberbergamtes zu durchforschen und Quellen zur Geschichte des Gebäudes auszuwerten. Diese Tätigkeit hat den Architekten bewogen, über die Baugeschichte des Gebäudes zu schreiben. Claudia Küpper-Eichas hat das aufbereitete Archivmaterial in die nun vorliegende Fassung über den Betrieb der Münze gebracht.

Der Restaurator Bernd Gisevius bemühte sich um die Farbgebung des Gebäudes und um andere wichtige Denkmalaspekte.

Als Vorsitzender des Vorstandes des Studentenwerkes und ehemaliger Vorsitzender des Geschichts- und Museumsvereins hat Wolfgang Schütze ein Kapitel über die in der alten „Clausthaler Münze" geprägten Münzcn und Medaillen verfaßt.

Besonders erwähnt werden muß die Kreissparkasse Clausthal-Zellerfeld, weil sie für die Entstehung des Buches eine wichtige Rolle spielt. Die Direktoren Erwin Willige und Herbert Spillner haben veranlaßt, daß zu dem Buch eine Ausbeutemedaille geprägt wurde, die sich durch ihre besondere Schönheit auszeichnet. Die originalgetreue Nachprägung der Clausthaler Ausbeutemedaille erfolgte im Zusammenhang mit der Restaurierung des alten Münzgebäudes. Dank gilt den Direktoren zum Zeitpunkt der Herausgabe des Buches, Rolf Degener und Herbert Spillner, für die freundliche Unterstützung.

Damit wird eine hochinteressante, in Buch und Silber geprägte Darstellung der Geschichte des Münzwesens in Clausthal vorgelegt.

Oberharzer
Geschichts- und Museumsverein e. V.

Studentenwerk Clausthal

Helmut Radday

Peter Zimmermann

Gesche Löning, Claudia Küpper-Eichas

Der Betrieb der Clausthaler Münzstätte 1617-1849

Einführung

"Das Land die Früchte bringt, im Harz der Taler klingt"

Nur zu gut veranschaulicht dieser kurbraunschweigische Taler-Randspruch die Verknüpfung von Erzbergbau und Geldwirtschaft, vermittelt er doch einen Eindruck davon, wie sehr die Harzregion als Rohstofflieferant für die Hartgeldproduktion das Interesse der Landesherren beansprucht haben muß. — Ein Eindruck, der bei der Betrachtung der Geschichte der Harzer Münzstätten seine Bestätigung findet.

Seit dem 16. Jahrhundert wandten sich die welfischen Fürsten wieder verstärkt der Metallgewinnung im Harz zu, nachdem diese bereits eine Blütezeit im Mittelalter erlebt hatte. Die wichtige Rolle des Oberharzer Bergbaus für die welfischen Landesherren ist mit der Wandlung des mittelalterlichen Territoriums zum Territorialstaat der frühen Neuzeit verbunden.[1] Dazu gehörte neben der Einrichtung einer funktionierenden Verwaltung das Bemühen um die Erhöhung der Einkünfte der landesherrlichen Staatskassen.

Darüberhinaus verlangte das wachsende Repräsentationsbedürfnis der Landesfürsten nach einer möglichst dauerhaften Finanzquelle. Wie sonst hätten sich die für die Neuzeit beispielhaften Gründungen von Universitäten (Helmstedt), Bibliotheken (Wolfenbüttel), Kunstsammlungen (Herzog-Anton-Ulrich-Sammlung) u.ä. realisieren lassen. Impulsgebend für die ehrgeizigen kulturellen Bestrebungen deutscher Landesherren war die seit Ende des 15. Jahrhunderts von Italien ausgehende Renaissance-Bewegung.[2]

Infolge der Wiederaufnahme des Bergbaus und des Wachstums von Bergwerken und Bergstädten verlegte die Landesherrschaft ihre Münzstätten vom Harzrand in den Oberharz, wo sie künftig als Hauptabnehmer für Edel- und Buntmetalle fungierten. Bis in die Mitte des 19. Jahrhunderts verblieb die Ausmünzung der im Harz gewonnenen Silber unmittelbar vor Ort. Mit der Clausthaler Münzstätte stellte die letzte Harzer Münze im Jahre 1849 ihren Betrieb ein. Hier wurde am 17. Juli 1849 der letzte Harztaler geprägt.

Die finanzielle Ausnutzung der Münzhoheit

Mehr als alle anderen Bodenschätze des Harzes war das Münzmetall Silber geeignet, den enormen Finanzbedarf des landesherrlichen Haushalts zu decken. Die Landesherren waren daher bemüht, den größten Münznutzen sicherzustellen.

Dazu trugen Verbesserungen und Innovationen im Bereich der Gewinnung, Aufbereitung und Verhüttung des Erzes bei. Doch ein anderer wichtiger Bereich war die Nutzung und gegebenenfalls Erweiterung der bestehenden Verfügungen zur Einrichtung und Erhaltung eines geordneten Münzwesens.

1

Unter den in ihrer Gesamtheit als Münzpolitik bezeichneten Maßnahmen ist das sogenannte Münzregal ein wesentliches Merkmal der Staatsgewalt. Seit der Antike definiert es den ausschließlichen Anspruch des Staates oder seiner territorialen Vertreter auf die Hoheit in Münzsachen, auf Herstellung und Umlauf des Geldes.

Die Zersplitterung des deutschen Reiches führte in karolingischer Zeit erstmals zu einer Übertragung der staatlichen Münzhoheit auf einzelne Münzherren, die innerhalb ihres eigenen Territoriums münzberechtigt waren. Als Folge der Münzrechtsverleihungen, von denen auch kleine und kleinste weltliche und geistliche Herren und viele Städte nicht ausgenommen waren, entstand eine "Währungslandschaft", die sich in einer bunten Vielfalt an Münzsorten, Rechnungssystemen und Münzbildern äußerste. Die im 16. Jahrhundert erlassenen Reichsmünzordnungen versuchten dieser nicht wünschenswerten Entwicklung entgegenzuwirken. Ihnen zufolge oblagen Organisation und Kontrolle des deutschen Münzwesens zehn Reichskreisen. Hierbei wurden die Münzsachen der welfischen Lande (Kreis Niedersachsen) durch die Lüneburger Kreismünzordnung von 1572 geregelt.[3]

Die Münzhoheit gewährte dem Münzherrn zunächst drei grundlegende Rechte:

1. Mit dem "Recht auf Währung" wurden Menge und Metallsorte eines Zahlungsmittels festgelegt, das innerhalb eines bestimmten Staatsgebietes umlaufen sollte.

2. Mit dem "Recht des Münzfußes" konnte der Münzherr Schrot (Bruttogewicht des Rohmetalls) und Korn (Feingewicht der Menge reinen Metalls), bzw. die Stückzahl der aus dem Grundgewicht des Währungsmetalls zu prägenden Münzen bestimmen.

3. Das "Recht auf Prägung" erlaubte schließlich die motivmäßige Ausstattung der Stücke, denen Geldeigenschaft beigemessen wurde.

Die wichtigste Einnahme erzielte der Münzherr in seiner Eigenschaft als Fabrikant, indem er sich die für die Münzherstellung aufgewendete Arbeit bezahlen ließ. Die Verrechnung der Prägekosten erfolgte in Form des sogenannten Schlagschatzes, der sich aus der Differenz zwischen dem Marktpreis des in der Münze enthaltenen Metalls und dem per Münzfuß gesetzlich festgelegten Nennwert ergab. Dabei spielte es keine Rolle, ob der Landesherr das Silber auf eigene Rechnung vermünzte, oder ob er die Ausprägung einem Münzmeister vertraglich überließ. Je "leichter" eine Münze ausgebracht wurde, d.h. je größer die Abweichung zwischen Nennwert und Metallwert war, desto höher fiel der Münzgewinn aus. Mit der Möglichkeit, das Material zu "Strecken", waren der gesetzlichen Münzverschlechterung zu allen Zeiten Tür und Tor geöffnet. Nicht nur in der Kipper- und Wipperzeit zu Anfang des 17. Jahrhunderts wurde von dieser Möglichkeit ausgiebig Gebrauch gemacht.

Neben dem Schlagschatz zogen die welfischen Fürsten einen weiteren Münzgewinn aus ihrem Vorkaufsrecht an dem im eigenen Territorium gewonnen Silber. Der Vorkaufspreis lag deutlich unter dem Marktpreis. Anfang des 16. Jahrhunderts zahlten sie den Gewerken[4] für das an die Münzanstalt gelieferte Silber nur 9 bis 12 Mariengulden, obwohl dessen regulärer Marktwert 17 Mariengulden für 223,8 Gramm Silber (= eine Mark Silber) betrug.

In den Händen der Herzöge lag aber nicht nur der Absatz des Silbers, das sie bestrebt waren in Zahlungsmittel umzuwandeln, sondern auch der von Glätte[5], Blei und Kupfer. Den Vertrieb dieser Bergbauprodukte besorgten die Faktoreien der Berghandlungen, die von der Verwaltung des Bergwerkshaushaltes unabhängig waren und deren Überschüsse wiederum der Landeskasse zuflossen.

Ein Kapitel über die ökonomischen Anstrengungen der braunschweigischen Herzöge wäre unvollständig, ohne. die Funktion der Zehntkammer zu erwähnen. Diese war, ebenso wie die Münze, eine landesherrliche Anstalt, die sämtliche Einnahmen und Ausgaben des Bergwerkshaushalts bestritt. Neben anderen Abgaben verrechnete sie den Zehnten, den Zins, der auf alle erschmolzenen Metalle erhoben wurde.

Bleibt noch anzumerken, daß die Menge des im Harz verhütteten Silbers im Verhältnis zu den übrigen Metallen eher gering war. Nur der außerordentlich hohe Marktwert des Silbers konnte den Aufwand, der mit der Gewinnung und Produktion der Edelmetalle verbunden war, rechtfertigen.

Münzstätten im Harz

Die Anfänge des Clausthaler Münzbetriebes gehen zurück auf das Jahr 1617, als an der Osteröder Straße die erste von insgesamt drei Betriebsstätten eingerichtet wurde.

Ihre Existenz, wie auch die der übrigen Harzmünzen, erklärt sich aus der Geschichte der Welfenhäuser und ihrer territorialen Besitzansprüche in der Harzregion.

Das Harzer Bergbaugebiet gehörte im 16. Jahrhundert zu verschiedenen Landesherrschaften.

Die Bergwerke um St. Andreasberg waren ein Teil der Grafschaft Lauterberg, mit der die Herzöge von Grubenhagen die Grafen von Hohnstein im Jahre 1456 belehnt hatten. Die Grafen von Hohnstein richteten im Jahre 1530 mit der Münze in St. Andreasberg die älteste Oberharzer Münzstätte ein, in der bis zum Jahre 1625 Geld ge-

prägt wurde. Auch ein Teil der in den Clausthaler Hütten produzierten Blicksilber wurde hier verarbeitet. Als im Jahre 1593 Herzog Ernst von Hohnstein ohne männlichen Erben starb, fiel die Herrschaft Lauterberg wieder an das Herzogtum Grubenhagen zurück.

Das Herzogtum Grubenhagen wurde seit 1494 von Herzog Philipp I. regiert. Ursprünglich gehörte nur der Teil des Oberharzer Reviers um die späteren Bergstädte Clausthal und Altenau zum Grubenhagener Gebiet. Das Bergamt der Grubenhagener Herzöge befand sich in Osterode, wo sie auch eine Münzstätte unterhielten. Der größere Teil der Clausthaler Silber wurde bis zum Jahre 1600 hier vermünzt.

Die Grenze zwischen dem Fürstentum Grubenhagen und dem benachbarten Fürstentum Wolfenbüttel verlief unmittelbar zwischen Clausthal und Zellerfeld. Zu diesem Gebiet gehörten neben Zellerfeld die Bergstädte Lautenthal, Wildemann und Grund. Seit dem Jahre 1552 zählte auch das Bergwerk am Rammelsberg zum Besitz der Herzöge von Braunschweig-Wolfenbüttel. Die Goslarer Münze prägte Münzen aus dem im Wolfenbütteler Teil des Oberharzes gewonnenen Silber.

Im Jahre 1596 verstarb der letzte Vertreter der Grubenhagener Linie, Philipp II. Der damalige Herzog von Braunschweig-Wolfenbüttel, Heinrich Julius, ließ das Fürstentum Grubenhagen noch am Todestag Philipp II. in Besitz nehmen. Zwar hatte er mit den Städten Osterode und Einbeck Verträge abgeschlossen, daß diese ihm, falls die Herzöge von Grubenhagen ohne männliche Nachkommen blieben, die Erbhuldigung leisten wollten, doch das Haus Lüneburg konnte einen näheren Verwandtschaftsgrad anführen und erhob Klage beim kaiserlichen Reichshofrat. Der Rechtsstreit und die Umsetzung des für Lüneburg positiv ausfallenden Urteils dauerten aber aufgrund des Taktierens Herzog

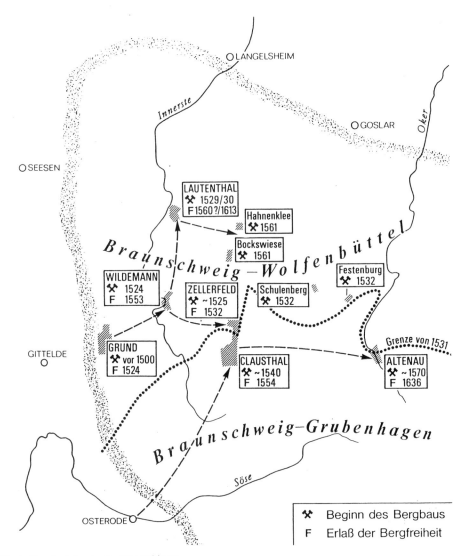

Abb. 1: Territorialkarte des Harzgebietes

Heinrich Julius' am kaiserlichen Hof bis in die Regierungszeit seines Nachfolgers Friedrich Ulrich. Erst im Jahre 1617 wurde Grubenhagen an die Celler Linie des Hauses Braunschweig-Lüneburg abgetreten.

Bis zu Beginn des 17. Jahrhunderts sind Münzstätten weder in Clausthal noch in Zellerfeld nachgewiesen.[6]

Nachdem Herzog Heinrich Julius im Jahre 1596 das Grubenhagener Territorium widerrechtlich in Besitz genommen hatte, löste er die Münze zu Osterode auf und verlegte sie im Jahre 1601 nach Zellerfeld, in das dortige Amtshaus.[7]

4

Bedingt durch eine vorübergehende Stillegung der Zellerfelder Münze wurde in den Jahren 1612 bis 1614 alles Silber des Wolfenbütteler und des Grubenhagener Oberharzes in Goslar ausgeprägt.

Erst am 10. März 1617 beugte sich Herzog Friedrich Ulrich, der Sohn Heinrich Julius' von Wolfenbüttel, dem kaiserlichen Reichskammergericht und verzichtete auf das unrechtmäßig erworbene Gebiet.

Mit dem Zuschlag Grubenhagens an die Celler Linie des Hauses Braunschweig-Lüneburg trat nun Herzog Christian d. Ä. als neuer Landesherr und Begründer der ersten Clausthaler Münzstätte auf den Plan.

Durch die Inbesitznahme des Grubenhagener Territoriums durch Braunschweig-Wolfenbüttel war kurzzeitig das Harzgebiet in einer Hand gewesen. Mit der Herausgabe des Fürstentums Grubenhagen an die Celler Linie des Hauses Braunschweig-Lüneburg im Jahre 1617 trat nicht nur eine erneute Teilung des Oberharzes ein, auch das gemeinsame Zellerfelder und Clausthaler Bergamt zerfiel wieder in zwei eigenständige Bergbehörden. Diese wurden in der fast zweihundert Jahre dauernden politischen Zweiteilung des Oberharzes zu Mittelpunkten der Verwaltung.

Nach dem Erlöschen des alten Wolfenbütteler Hauses regelte ein Erbvergleich aus dem Jahre 1635 die Verteilung des Gebietes auf die Linien Harburg, Dannenberg und Lüneburg. Der Harz und seine Bergwerke verblieben unter gemeinsamer Verwaltung. Seitdem wurde der ehemals Wolfenbütteler Harzteil als 'Communion-Harz' und das zu Braunschweig-Lüneburg gehörende Harzgebiet als 'Einseitiger Harz' bezeichnet.

Im Jahre 1788 kam es durch einen Teilungsrezess zur Auflösung der Oberharzer Communion. Ihre Anteile erwarb ein Jahr später das Kurfürstentum Hannover, das im Jahr 1866 von Preußen annektiert wurde.

Der erste Clausthaler Münzbetrieb

Die Einrichtung einer ersten Münzstätte im "Claushoff"

Der Zeitpunkt der Gründung

"Das Klaußthal vor dem Jahre 1617 keine Münze gehabt hat, steht so fest, daß es Wasser in den Rhein tragen hieße, wenn ich die Beweise dafür hier aufzählen sollte. Der Herzog Christian zu Celle ist der erste Landes- und Bergherr, der in Klausthal prägen ließ; und bis zur Kipper- und Wipperzeit war es seine einzige Münze im Fürstenthum Grubenhagen."[8]

Mit dieser Aussage zur Entstehung der ersten Clausthaler Münze knüpft Schulinspektor Friedrich Günther im Jahre 1908 an die Mutmaßung älterer Chronisten (Calvör, Heyse) an, die sich in ähnlich fundierter Weise um die Geschichte der Harzer Münzstätten bemüht hatten.[9] In Ermangelung aktenkundlicher Nachrichten zur Gründungsphase des ersten Clausthaler Münzbetriebs soll im folgenden auf die hervorragenden Beiträge der genannten Autoren zurückgegriffen werden.

Ganz richtig bestritt erstmals Henning Calvör die Notwendigkeit einer Münze in Clausthal zur Zeit der Grubenhagener Herzöge, da diese die Clausthaler Silber bekanntermaßen in Osterode, bzw. seit 1601, in Zellerfeld vermünzen ließen. Eine in Clausthal existierende Münzstätte hätte zumindest die Verlegung des Osteröder Münzbetriebs in das Zellerfelder Amtshaus überflüssig gemacht.

Einen falschen Schluß zog Calvör dagegen aus dem Fund eines Rechen- und Spielpfennigs, dessen Prägejahr — 1630 — er mit dem Gründungsjahr der Clausthaler Münze gleichsetzte. Zu dieser Annahme verleitete ihn das aufgepunzte Wappen des Clausthaler Münzmeisters Henning Schreiber sowie die Tatsache, daß ihm bis 1630 keine entsprechenden Münzrechnungen vorlagen.

Unhaltbar ist demzufolge auch seine Vermutung, daß in dem Zeitraum von 1617 bis 1630 die Clausthaler und Andreasberger Silber in Altenau vermünzt wurden, "da der Weg vom Clausthal nach St. Andreasberg, nemlich 3 Meilen, zu weit gefallen, die Silber dahin und das Geld zurück zu bringen."[10]

Den Irrtum Calvörs berichtigt — ca. 50 Jahre später — Gustav Heyse mit dem Hinweis auf eine urkundliche Erwähnung, die wesentlich zur Erhellung der Gründungsgeschichte beigetragen hat. Es handelt sich um die Protokolle einer Visitation der Clausthaler Münze, die die beiden Generalwardeine des niedersächsischen Kreises, Jobst Braun und Andreas Lafferdes, am 30. September 1617 auf dem Münzprobationstag zu Braunschweig verlasen.[11] Darin heißt es, "daß Herzog Christian auf seiner Münze zu Clausthal ganze, halbe und Ortstaler prägen lasse".[12]

Noch präziser ermittelte Günther, indem er die besagten Revisionsberichte als Entwürfe für einen früheren Probationstag ausweist, der für den Mai des Jahres 1617 in Halberstadt vorgesehen war. Daraus folgert er, "daß die neue Münze 7 bis 10 Wochen nach dem 10. März, dem Tage der Besitzergreifung[13], den Betrieb aufgenommen haben muß.[14]

Günther erhärtet seinen Nachweis noch durch eine aktenkundliche Information, wonach Spezialwardein Lafferdes am 24. April des Jahres 1617 in Clausthal gewesen sein soll, um den Fortgang der Münzeinrichtung persönlich zu begutachten und den Münzmeister Hans Lafferts auf baldige Prägung zu drängen.[15]

Als weiteren Beleg für einen frühzeitig funktionierenden Münzbetrieb in Clausthal können die Andreasberger Münzrechnungen aus der ersten Hälfte des Jahres 1617 geltend gemacht werden, die auszugsweise in Adolf Achenbachs handschriftlichen "Mitteilungen zum Bestehen der Clausthaler Münze" zitiert werden.[16] So unter anderem der Passus einer Zehntrechnung vom Quartal Trinétatis bis Crucis (etwa März bis Anfang Juni): "dem Posten vom Silber nachm Clausthal und die taler herwieder zu tragen...", der Aufschluß darüber gibt, daß in diesem Zeitraum Silber- und Münzlieferungen zwischen Andreasberg und Clausthal hin- und hergingen.

Der Claushoff

Die Erörterung der zeitlichen Anfänge des Clausthaler Münzbetriebes wirft zwangsläufig die Frage nach dessen Unterbringung auf.

Der Umstand, daß Herzog Christian bereits "7 bis 10 Wochen" nach der Übernahme des Herzogtums Grubenhagen in Clausthal Münzgeld produzieren konnte, schließt einen Neubau faktisch aus. Vielmehr muß ein Gebäude vorhanden gewesen sein, das alle Voraussetzungen erfüllte, um dort "in kurzer Zeit und mit geringem Kostenaufwande"[17] eine Münzstätte einzurichten. Bei der Wahl des Standortes hatte die Bergstadt Clausthal den Vorrang erhalten; einmal weil auch das Bergamt der neuen Landesherrschaft hier angesiedelt worden war, zum anderen weil die Münzen in St. Andreasberg und Osterode längst nicht mehr existierten.

Näheren Aufschluß über den Charakter des ersten Münzgebäudes gibt die im Jahre 1678 publizierte Chronik Thomas Schreibers, in der ein Clausthaler Jagdquartier der grubenhagenschen Herzöge irreführend, weil historisch falsch, als 'Münze' betitelt wird: "Vor hochgedachte Hertzogen haben sich zum Clausthal vielfältig aufgehalten und mit Jagen ergetzet, dero Behuf

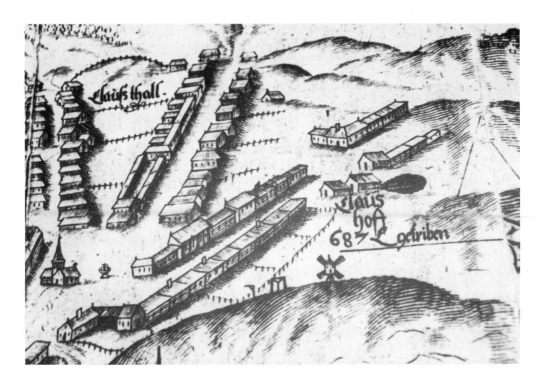

Abb. 2: Der Claushoff auf einem Riß von Zacharias Koch aus dem Jahre 1606

ihr Ablager auf der Müntze gehabt, die denn noch bei unserem Andencken ringsum mit einem tieffen Wassergraben umgeben und mit einer Brücke versehen gewesen."[18]

Es hat nachweislich unter der Herrschaft der Grubenhagener Herzöge in Clausthal keine Münzstätte gegeben. Wenn Schreiber den herzoglichen Jagdsitz dennoch als 'Müntze' bezeichnet, so ganz sicher deshalb, weil das Gebäude zu Lebzeiten des Chronisten diese Funktion erfüllte.
Daß die Umrüstung zu einer Münzanstalt bereits in seiner Jugend erfolgt sein muß, belegt Schreibers Erinnerung an Wassergraben und Zugbrücke, Befestigungsrelikte aus grubenhagenscher Zeit, die das herrschaftliche Haus noch umgaben, als hier schon die ersten Münzen geprägt wurden. Der wehrhafte Charakter des ehemaligen fürstlichen 'Absteigequartiers' dürfte die Entscheidung, in diesem Gebäude im Jahre 1617 eine Münzstätte einzurichten, wesentlich beeinflußt haben. Rohstoff und Endprodukt dieser Fabrikationsstätte stellten Werte dar, die es ebenso zu schützen galt, wie alle das 'Münzen' betreffenden Vorgänge und technischen Einrichtungen.

Die genau Lage des herzoglichen Jagdquartiers geht aus dem im Jahre 1608 angefertigten Kupferstich von Zacharias Koch hervor (s. Abb. 2).
Zu diesem Zeitpunkt befand sich "oberhalb des Sorger Teiches, also an der Stelle der heutigen, in den Jahren 1725 und 1726 erbauten Münze, ein alleinstehendes großes Doppelhaus, oder vielmehr ein großes Wohnhaus mit einem eben so großen und hohen Nebengebäude, als Claushoff bezeichnet."[19]

7

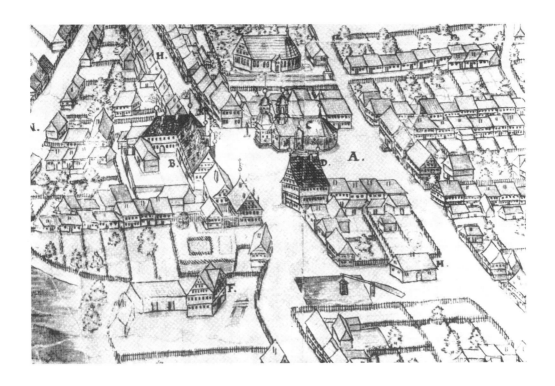

Abb. 3: Der Claushoff ist auf einem Riß von Adam Illing aus dem Jahre 1661 als Münzstätte ausgewiesen (F.)

So beschreibt Günther das von Koch darge-stellte Gebäude. Tatsächlich handelt es sich bei diesem Haus, dem Claushoff, um das Gebäude, in dem im Jahre 1617 die erste Clausthaler Münzstätte eingerichtet wurde. Eindeutig belegen dies die Legenden späte-rer Kupferstiche (Merian/Illing), die um die Mitte des 17. Jahrhunderts den Claus-hoff erstmals als Münze ausweisen (vgl. Abb. 3).

In dem Koch'schen Riß fällt auf, daß sich der Claushoff durch seine zurückgesetzte Lage auf dem Grundstück von der anson-sten traufständigen und geschlossenen zur Osteröder Straße ausgerichteten Häuserzei-le abhebt.
Diese Grundstückssituation, ehemals be-dingt durch den vorgelagerten Wassergra-

ben, traf auf alle drei Münzstätten zu. So-zusagen als städtebauliche Geste betont sie noch heute den öffentlich-repräsentativen Charakter der letzten, im Jahre 1725 er-bauten 'Alten Münze'.

Der Name 'Claushoff' läßt sich aus der geographischen Lage des Gebäudes im obe-ren Großen Clausthal ermitteln.
Das Hintergrundstück des Claushofs be-grenzte in südöstlicher Richtung der Sorger Teich. Heute verlandet versorgte er mögli-cherweise die tiefergelegenen Gruben mit Aufschlagwasser für die verschiedenen 'Künste'. Ob er in Verbindung mit dem Claushofgraben gestanden, bzw. inwiefern er die Wasserversorgung der späteren Münzstätte sichergestellt hat, läßt sich aus den zeitgenössischen Rissen nicht zweifels-

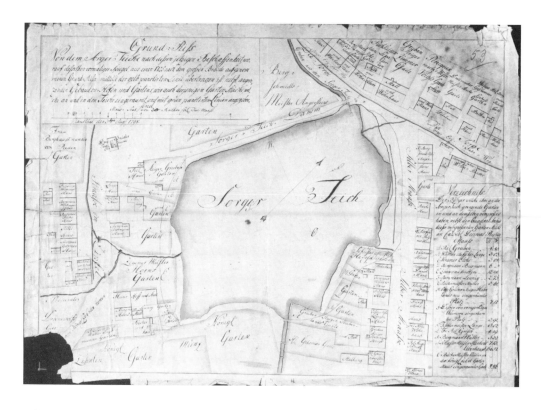

Abb. 4: Der Sorger Teich, Karte aus dem 18. Jh., Oberharzer Bergwerksmuseum

frei ableiten. Aktenkundlich überliefert ist dagegen die hin und wieder stattgefundene "Ausschlammung"[20] von Teich und Graben, wobei letzterer unter der Bezeichnung 'Herrenhofgraben' zitiert wird.

Den Beinamen 'Herrenhof' führte der Claushof über die grubenhagensche Zeit hinaus noch in seiner Eigenschaft als Münzstätte. Hier hatte der Volksmund der ursprünglichen Nutzung und dem Erscheinungsbild des Gebäudes Rechnung getragen. Im Unterschied zu der Zellerfelder Münze, die als reiner Zweckbau angelegt war, zeichneten sich die Claushof-Münze und ihre Nachfolgebauten immer durch ihre Doppelfunktion als repräsentatives Wohnhaus einerseits und als Fabrikationsstätte andererseits aus.

Vom Blicksilber zum Taler

Was geschah nun in den Mauern einer Münzstätte, wie entstand aus dem Blicksilber das begehrte Zahlungsmittel? Lange Zeit wurde die Herstellung von Münzen wie eine Art 'Geheimwissenschaft' behandelt. Erst ab dem 18. Jahrhundert lassen sich ausführlichere Beschreibungen der Münztechnik, die nicht nur dem Eingeweihten Hinweise geben, in der Literatur finden.[21]

Diese Beschreibungen informieren über die vielen verschiedenen Verfahrensschritte, die erforderlich sind, um aus dem Silber Münzen herstellen zu können.[22]

9

Das Feinbrennen

Das von der Hütte gelieferte Blicksilber mußte zunächst in Windöfen feingebrannt werden. Dazu wurde ein eiserner Tiegel mit Asche gefüllt und diese sorgfältig verdichtet. Den mit Asche ausgeschlagenen Tiegel bezeichnete man als Test. Nachdem der Test mit einem Eisen oder Holz abgezogen worden war, konnte mit einem Spurmesser eine Vertiefung in der erforderlichen Größe hineingeschnitten werden. Mit einem Haarsieb mußte nun getrocknete Beinasche über die Vertiefung gestreut und mit einer glatten Kugel angedrückt werden. Dies hatte den Vorteil, daß sich das Silber leichter aus der Form ablöste und weniger Verunreinigungen aufwies. Auf einem kleinen Kohlefeuer wurde der fertig vorbereitete Test angewärmt und getrocknet. Dann konnte der Test in den Ofen gestellt und mit einem gewölbten 'Deckel' aus Ton oder Eisen, einer sogenannten Muffel, bedeckt werden. Der Ofen wurde daraufhin angefeuert und das Blicksilber, wenn der Test die nötige Temperatur erreicht hatte, in den Test gegeben. Bei großer Hitze wurde das Blicksilber geschmolzen. Diese Schmelze mußte häufiger umgerührt werden. Da Blei einen niedrigeren Schmelzpunkt (327°C) besitzt als Silber (961°C), verdampfte das noch im Silber enthaltene Blei bei diesem Vorgang. Dabei stellte die richtige Befeuerung des Ofens hohe Anforderungen an die Schmelzer. Begann die Oberfläche der Silberschmelze regenbogenfarben zu schimmern, war Aufmerksamkeit geboten, denn der Prozeß des Feinbrennens näherte sich dem Abschluß.

Verloren sich die Farben allmählich, nannten die Fachleute der damaligen Zeit diesen Vorgang das 'auf die Feine Streichen' des Silbers. War die Farbe gänzlich verschwunden, wußten die Münzarbeiter, daß das Silber die nötige Feine besaß. Vor dem Abkühlen des Silbers nahm der Wardein noch eine Probe. Das Silber konnte, nachdem es zu erstarren begann, mit Wasser abgelöscht werden.

Das nun entstandene Produkt wurde als Brandsilber bezeichnet. Auch von dem erkalteten Silber mußte eine weitere Probe genommen und dem Münzwardein zur Analyse des Silbergehaltes übergeben werden.

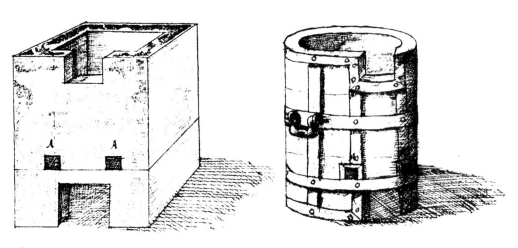

Das gerade Meſſer mit Holzgriffen A. Das gekrümmte Meſſer, ebenfalls mit Holzgriffen B. Das gekrümmte Meſſer ohne Holzgriffe C. Das Sieb D. Die Kugel E. Die eiſerne Tür, welche der Meiſter beim Feinbrennen herabläßt, damit die Hitze des Feuers die Augen nicht ſchädigt F. Das Gerät zum Auflegen der Hölzer beim Feinbrennen des geſchmolzenen Silbers G[68]. Sein eines Ende greift in die Öſe eines anderen, in das Ofenmauerwerk eingelaſſenen Gerätes H. Der Teſtſcherben mit glühenden Kohlen I.

Abb. 5: Windöfen, Darstellung aus dem Münzbuch des Lazarus Ercker aus dem Jahre 1563

Abb. 6: Der Prozeß des Feinbrennens, Darstellung aus Georg Agricola, 1556

11

Das Gießen der Zaine

Das Brandsilber wurde in Tiegeln zunächst wieder eingeschmolzen. Vor dem Schmelzofen befand sich eine mit Wasser gefüllte Wanne, in die mehrere Planenbögen, die aus einem eisernen 'Rahmen' und Gewebe bestanden, hineingelegt worden waren. Ein Münzarbeiter mußte einen der Planenbögen mit beiden Händen über die Wanne halten. Mit einer mit Ton oder Kreide beschmierten Kelle wurde das flüssige Silber aus dem Tiegel geschöpft und auf den Planenbogen gegossen. Der Münzarbeiter hatte nun den Bogen zu rütteln, damit das Silber eine gerade Oberfläche erhielt. Der Planenbogen wurde daraufhin in das Wasser gelassen und der nächste herausgeholt, bis die ganze Schmelze ausgegossen worden war.

Die entstandenen flachen Silberplatten wurden als Zaine bezeichnet.

Das geschmolzene Silber konnte auch in einem mit einer Mischung aus Sand, Kohlenstaub und Leim gefüllten Holzkasten, in den entsprechende Vertiefungen gestochen worden waren, zu Zainen gegossen werden.

Das Ausschlichten oder Strecken der Zaine und die Herstellung der Platten

Die Zaine mußten nun noch die erforderliche Dicke erhalten. Dazu konnten sie auf einer 'Ziesen' genannten Vorrichtung, bestehend aus einem rechteckigen Kasten mit einem Amboß, dünn geschlagen werden. Der Vorgang mußte zweimal durchgeführt und die Zaine mußten jeweils nach dem Ausschlichten in einem Glühofen geglüht werden. Danach wurden die Zaine mit einer Stückelschere zu Schrötlingen geschnitten, mit der Benehmschere beschnitten und auf der Waage justiert. Mit dem Quetschhammer erhielten die Schrötlinge die nötige Rundung. Zwischen diesen Schritten mußten die Schrötlinge wiederholt geglüht werden.

Dieser Vorgang konnte aber auch mit Hilfe eines Streckwerkes durchgeführt werden. Die Zaine wurden dabei zwischen zwei stählernen Walzen gestreckt. Auch dieser Vorgang mußte mehrmals wiederholt und die Zaine mußten dazwischen geglüht werden. Ein Streckwerk konnte durch Menschen-, Pferde- oder Wasserkraft angetrieben werden. Danach konnten die Zaine noch eine geringere und genauere Dicke auf einer Adjustierbank erhalten, wobei die Zaine zwischen zwei Backen durchgezogen werden mußten. Mit einem Drücker oder Stempel konnten nun aus den Zainen runde Platten ausgeschnitten werden. Um gekräuselte oder gerändelte Münzen her-

Abb. 7: Glühöfen zum Glühen der Zaine und Platten, Darstellung aus Henning Calvör, Beschreibung des Maschinenwesens, 1763

Abb. 8: Siedeofen mit Siedeschale, Darstellung aus Lazarus Erckers Münzbuch aus dem Jahre 1563

stellen zu können, waren Drücker und Unterlage entsprechend geformt. In Bewegung gesetzt wurde der Mechanismus mit einer Schraube und einer Kurbel. Damit die Platten die gleiche Schwere oder Schrot erhielten, war es auch bei dieser neueren Methode der Münzherstellung erforderlich, sie zu wiegen und zu justieren.

Die nach der älteren oder neueren Methode hergestellten Platten wurden entweder mit Kochsalz und Weinstein oder Scheidewasser weiß gesotten, um sie vom Schmutz zu reinigen. Danach kamen sie in einen Sack oder eine Scheuertonne und wurden mit Kohlenstaub gescheuert. Über dem Weißsiedeofen trockneten die Münzrohlinge dann in kupfernen Siedeschalen.

Einen Eindruck darüber, wie schwer die Arbeit in einer Münze war, vermittelt ein zeitgenössischer Bericht:

"Ich wil geschweigen der schweren harten Arbeit/ welche die Ohme in der Gießkammer thun/ wann sie die Zehn giessen/ und an einem gantzen Tag in ihren Schmitten mit dem Hammer darauff schmeissen/ wie dann die Müntzerjungen/ die im Glüen mit

ihrer Jungfraw in dem Feuer herumb tantzen/ daß ihnen der Schweiß über den Leib leufft/ welches nicht so eine geringe Arbeit ist/ wie manicher gedenckt/ so viel Mühe und Arbeit gehöret dazu/ wann man saubere Müntze machen wil."[23]

Das Prägen der Münzen

Die Münzen konnten auf zweierlei Art geprägt werden. Nach der älteren Methode wurden die Platten auf den Prägestock gelegt, der auf einem großen Klotz befestigt war. Der obere Stempel, auch Eisen genannt, mußte von einem Münzarbeiter darauf gehalten werden, während der Zuschläger mit einem schweren Hammer auf das Eisen schlug. Diese Prägetechnik wurde in Clausthal bis zum Jahre 1674, in der benachbarten Zellerfelder Münze noch darüberhinaus betrieben, "wodurch die Münzen zwar ein schöneres Gepräge erhalten, aber welches auch viel gefährlicher ist".[24] "Vor nicht so langen Jahren hat man erfunden, wie vermittelst einer kostbaren metallenen grossen Maschine die harten Thaler nett und hurtig gepräget werden können", berichtete Julius Bernhard von Rohr

Abb. 9: Hammermünze, aus dem Stammbuch v. J.C. Wolff, Neumarkt 1624

im Jahre 1739.[25] Mit dieser neueren, ab 1674 in Clausthal angewendeten Technik erfolgte die Prägung durch ein sogenanntes Stoßwerk oder Balancier. Bei diesem Gerät handelte es sich um eine starke Presse. Die senkrecht stehende Schraube drückte den auf dem Schieber steckenden oberen Prägestempel auf die Platte herunter. Die Platte, der Münzrohling, lag auf dem unteren Stempel oder Prägeklotz. An der Spindel war oben ein Querarm befestigt, dessen Enden zur Erhöhung der Energie mit Gewichten versehen waren. Mit Hilfe einer Rändelmaschine konnten die Ränder der Münzen verziert werden.

Eine wichtige, dem Prägevorgang vorausgehende Aufgabe hatten die Eisenschneider, die in die erforderlichen Prägestempel den Negativabdruck des häufig sehr kunstvollen Gepräges eingravierten.

Die Münzwardeine hatten den gesamten Prozeß der Münzherstellung hindurch das Münzmetall auf den in der jeweils gültigen Münzordnung festgelegten Gehalt hin zu prüfen. Eine Probe mußte von der Schmelze (Tiegelprobe) und vom erstarrten Metall bzw. der fertigen Münze (Stockprobe) genommen werden. Außerdem zeichneten die Wardeine Gewicht und Gehalt des hergestellten Geldes für den Landesherren und zur Vorlage auf den Probationstagen, an denen die Geldsorten des Kreises probiert wurden, auf, achteten auf ein sauberes Gepräge des Geldes und revidierten die Rechnungen des Münzmeisters.

14

Die Zeit der Kipper und Wipper
Inflation und Teuerung

Am Anfang des 17. Jahrhunderts kam es zu einer landesübergreifenden, staatlich betriebenen Münzverschlechterung. Zusätzlich zu den bestehenden Münzstätten im Herzogtum Grubenhagen wurden im Zeitraum von 1619 bis 1622 weitere legale und illegale sogenannte Kippermünzen eingerichtet. Mit dem Beginn des Dreißigjährigen Krieges war aus der allmählichen Geldentwertung eine bedrohliche Inflation geworden. Massenhaft produzierte schlechte Kleinmünzen verdrängten das gute Geld, das von Aufkäufern in minderwertige Münzsorten umgeprägt wurde. Der Feingehalt und das Gewicht der Kippermünzen war deutlich niedriger als das des guten Geldes. Das Gepräge war häufig nachlässig gestaltet, Jahreszahlen oder Angabe des Münzherren fehlten.

Für die Bevölkerung machte sich vor allem die durch die Inflation hervorgerufene extreme Teuerung negativ bemerkbar. Für die Bergbauwirtschaft bedeutete dies neben dem Mangel an Kapital zusätzlich einen Mangel an Arbeitskräften, da die Bergleute in größerer Zahl den Harz verließen (verlassen mußten). Proteste wurden vor allem im benachbarten Zellerfeld gegen die Entlohnung der Bergleute mit minderwertiger Münze (den sogenannten Schreckenbergern) laut.[26]

Auch die Clausthaler Münzmeister beteiligten sich zunächst an dem Geschäft der Kipper und Wipper.
Dem Landesherrn, Herzog Christian, brachte seine Beteiligung an den Münzverschlechterungen eine Vorladung vor das Reichskammergericht im Jahre 1620 ein.
Um den Folgen der eigenen inflationären Währungspolitik entgegenzusteuern, mußte auf herzogliche Anordnung dem starken Preisanstieg bei Getreide mit festgesetzten Preistaxen entgegengewirkt werden. Der Landdrost Dietrich Behr erhielt die Order, dafür zu sorgen, daß gute Silbermünzen geprägt würden.
Den Bergleuten wurde ein günstigerer Kurs für die minderwertigen Schreckenberger zugestanden, und die Clausthaler Bergbeamten waren bemüht, die Versorgung mit preisgünstigerem Getreide für die Bergleute sicherzustellen.[27]

Ab dem Jahr 1622 normalisierten sich die Münzverhältnisse wieder etwas. Die Landesherrschaften, voran der Wolfenbütteler Herzog Friedrich Ulrich, erließen Edikte gegen das Münzunwesen. Diese wurden offenbar nicht gleich überall befolgt. Darauf deutet die Tatsache hin, daß wiederholt Edikte erlassen werden mußten. So verbot z.B. Herzog Christian erneut am 27.09. 1623 die Ausgabe und Annahme leichter und kleiner Münzen in den braunschweigischen Ländern, ordnete die ''Renovation'' der Münzedikte an und erließ Befehle an die Münzwardeine, die kleinen Münzsorten besonders sorgfältig zu probieren.[28]

Die ersten Münzmeister

Im Laufe ihres ctwa 70jährigen Bestehens wurde die älteste Clausthaler Münze im Claushof von vier Münzmeistern verwaltet. Der letzte, Leopold Weber, war bis zum Jahre 1674 tätig.

Ausführlicher vorgestellt werden die ersten beiden Münzmeister, Hans Lafferts (März-August 1617) und Georg Krukenberg (Juni 1620 - Ende 1620). Die Geschichte ihrer jeweils kurzen Gastspiele an der Clausthaler Münze ist zugleich eine Dokumentation eklatanter Fehlbesetzungen, die sich mit dem Werdegang des dritten Münzmeisters, Henning Schreiber (1622-1640), noch fortsetzen ließe.
Die drei genannten Münzmeister erlagen offensichtlich den Verlockungen der Kipper- und Wipperzeit, denn sie berei-

cherten sich persönlich, teilweise unter der Aufsicht der Landesherrschaft, durch die Ausprägung minderwertiger Münzen.

Aktenkundlich am wenigsten belegt ist die Tätigkeit des vierten Münzmeisters, Leopold Weber (1640-1674). Seine 34-jährige Amtszeit an der Clausthaler Münze weist ihn — gegenüber seinen Vorgängern — nicht nur als dienstältesten, sondern auch als unbescholtensten Geschäftsführer der Münze im 17. Jahrhundert aus.

Hans Lafferts[29]
März 1617 bis August 1617
Münzmeister zu Clausthal

Am 25. März 1617 bewarb sich ein gewisser Hans Lafferts auf die erste Münzmeisterstelle Herzog Christians d.Ä. in Clausthal. Ein beigefügtes Empfehlungsschreiben seines vormaligen Dienstherren[30], des Rates der Reichsstadt Goslar, empfahl ihn als erfolgreichen Münzmeister.
Herzog Christian reagierte unverzüglich, indem er Lafferts schon zwei Tage später zum Münzmeister bestallte und ihn "in seinem Hause zu Klausthal [dem Herrenhof] einen bequemen Ort zur Münze"[31] anweisen ließ. Mit der prompten Einstellung Lafferts signalisierte der Landesherr des 'Einseitigen Harzes' den Goslarer Ratsherren sein Interesse an der Vertiefung der gutnachbarschaftlichen Beziehungen zum 'Communion-Unterharz'.
Wie wenig Herzog Christian letzlich mit der warmen Fürbitte der Goslarer für ihren ehemaligen Münzmeister gedient war, konnte er zu diesem Zeitpunkt noch nicht ahnen.

Gleichzeitig mit seinem Bewerbungsschreiben hatte Lafferts auch konkrete Besoldungsvorstellungen eingereicht, wonach sein Gehalt dem des Zellerfelder Münzmeisters Heinrich Oeckeler angeglichen sein sollte. Er verlangte außerdem eine Kostenerstattung von 6 Groschen auf jede von ihm (à 9 Taler) angekaufte Mark Silber und frei Holz und Kohlen. Sein Gehalt wurde auf jährlich 260 Taler festgesetzt.

Lafferts richtete die Münzstätte im Claushof eigenhändig ein. Unterstützt wurde er dabei von Generalwardein Andreas Lafferdes, der ihn während einer Besichtigung am 24. April zum baldigen Prägen drängte. Der Generalwardein wollte auf dem einen Monat später in Halberstadt geplanten Probationstag die ersten Clausthaler Münzproben vorlegen.

Nur dreieinhalb Monate später, am 19. August 1617, vernahm Lafferts "mit betrübtem Herzen", daß der Herzog mit dem Münzmeister zu Clausthal "eine Veränderung machen wolle".[32] Den Grund für die schnelle Absetzung seines ersten Münzmeisters teilte Herzog Christian dem erstaunten Rat zu Goslar in einem Schreiben vom 26.08.1617 mit. Darin heißt es, daß Lafferts "mit dem Münzen durchaus nicht hat fortkönnen, noch mit der Faust münzen können." Immer noch fürbittend machten die Goslarer die Tatsache geltend, daß Lafferts nach der Reichs- und Kreismünzordnung gemünzt habe. Die Erwiderung Christians, daß die Taler nicht allein gut, sondern "fein, rein und sauber" zu münzen seien, läßt darauf schließen, daß sich Lafferts auf ein ordentliches Gepräge nicht verstand.[33]

Irgendwelche Vergehen wurden Lafferts nicht zur Last gelegt. Seine Münzrechnungen, wie das Bergamt nach einer Überprüfung durch den Zellerfelder Münzmeister Oeckeler mitteilte, waren richtig geführt. Mit einer Gnadenbewilligung von 200 Talern zuzüglich 50 Talern, 15 Groschen, 6 Pfennigen für Reisespesen und Aufwendungen für Münzgeräte wurde Lafferts schließlich am 1. März 1618 abgefunden.

Eine negativere, vielleicht durch spätere Vorfälle beeinflußte Beurteilung erfuhr

Lafferts in Akten des Wolfenbütteler Archivs. Demnach hatte Lafferts zur Prägung "leichtfertiger betrieglicher Münzen zum Calenberg für Hannover" lange Zeit sich gebrauchen lassen "und zu verderbung Landt und Leute mitgeholfen, auch die Münzen auf Clausthal und Goslar bedient, welche er, sonderlich Clausthal, mit Schimpf verlassen müssen."[34]

Am 26. Februar trat Lafferts die Nachfolge des verstorbenen Münzmeisters Oeckeler in Zellerfeld an. Wenige Jahre später erfuhr seine Karriere einen vorläufigen Schlußpunkt. Wegen großen Unfleißes und Nachlässigkeit im Amt wurde er im Jahr 1625 in Zellerfeld abgesetzt und entging nur knapp einer Verhaftung.

Ob die Vorwürfe berechtigt waren oder lediglich Ausfluß einer Intrige des Zellerfelder Zehntners Diegel, sei dahingestellt. Jedenfalls versuchte Lafferts nach Entlassung des Zehntners aus dem Amt im Jahre 1628 seine Rehabilitierung zu erreichen.[35]

17

Georg Krukenberg
1619 bis Ende 1622 Münzmeister
zu Clausthal

Direkt nach der Entlassung des Münzmeisters Lafferts läßt sich kein neuer Münzmeister in Clausthal feststellen. Die im Zeitraum von 1617 bis 1620 von Herzog Christian geprägten ganzen, halben und Orts-Taler, die vorzugsweise in Clausthal hergestellt wurden, tragen allerdings ein Münzmeisterzeichen in Form eines von einem Zainhaken[36] durchstochenen Halbmondes. Eine aus dem Jahre 1619 vorliegende Bestallungsurkunde vermag die Person Georg Krukenbergs mit diesem Münzmeisterzeichen in Einklang zu bringen.[37]
Friedrich Günther vermutet, Krukenberg sei ein Münzohm Lafferts, der als solcher den Betrieb nach Absetzung seines Meisters von August 1617 bis Juni 1619 weitergeführt habe.[38]
Als sicher gilt, daß die Clausthaler Münze in dem genannten Zeitraum nur provisorisch verwaltet wurde, da ein Münzmeister namentlich nicht genannt wird.

Daß Herzog Christian den Gesellen Krukenberg zwei Jahre lang auf Probe arbeiten ließ, bevor er ihm mit dem Titel 'Münzmeister' die eigenverantwortliche Leitung der Münze übertrug, mochte einerseits in den trüben Erfahrungen begründet sein, die er mit dem so 'innig' empfohlenen Vorgänger gemacht hatte. Andererseits zählten mehrjährige interimistische Verwaltungsperioden (aus verschiedensten Ursachen) zur gängigen Betriebspraxis aller drei Münzstätten in Clausthal.
Am 20. Juni 1619 verpflichtete sich Georg Krukenberg per Eid:
"Keine andere silberne Münze, als in den Reichs- und Kreis-Abschieden begriffen, zu schlagen, die Reichsmünzen nicht auszuwechseln und nicht in den Tiegel zu werfen [d.h. wieder einzuschmelzen] und andere Münzen daraus zu münzen, auch aus jeder Mark die und keine mehr Stücke zu

münzen, als es die erwähnte Reichs- und Kreisverfassungen zugeben, oder ihn der Herzog bei jetzigem ungewissen, münzverderblichen Zustande nach Gelegenheit des fast täglichen Aufschlages in specie erlaubt."[39]

Mit der Bestallungsurkunde Krukenbergs lichtet sich das Dunkel um den lange Zeit unbekannten zweiten Clausthaler Münzmeister. Georg Krukenberg, Sohn des ehemaligen Osteröder Wardeins Georg Krukenberg und Bruder des seit 1620 in Claushal tätigen Schultheißen Johannes Krukenberg hatte den ersten Teil seiner Lehrzeit wahrscheinlich an der Zellerfelder Münze absolviert. Von dort aus empfahl ihn der Münzmeister Oeckeler als "ehrenhaften Gesellen" zwecks weiterer Ausbildung nach St. Andreasberg.

Die Lehre eines Münzgesellen in der damaligen Zeit umfaßte die Sachgebiete Münzproben, Münzbeschickung "und was von Rechnungen denen anhängig, samt Hüttenproben". Mit einem Zeugnis über gute Kenntnisse in allen vier Fächern schloß Georg Krukenberg am 4. Februar 1611 seine Lehrzeit in St. Andreasberg ab. Ausgestellt hatte diese Beurteilung der Wardein und Hüttenschreiber Nikolaus Weber in Verbindung mit der Zusage, daß er den erfolgversprechenden Schüler "auch ferner in allem, was zu seiner gedeihlichen Wohlfahrt gereiche" protegieren wolle.[40]

Bis zur Vereidigung Krukenbergs als Münzmeister in Clausthal verging eine achtjährige Dienst- und Ausbildungsperiode, über die es keine aktenkundlichen Nachrichten gibt.

Den Vorstand der Münze hielt Krukenberg mit immerhin vier Jahren vergleichsweise länger als sein Vorgänger Lafferts. Während seiner Amtszeit wurden an der Clausthaler Münze verschiedene Reparatur- und Erweiterungsmaßnahmen durchgeführt.[41]

18

Er verließ die Clausthaler Dienststätte mit einem vom 28. November 1622 datierten "Testamonium" Herzog Christians, der darin bemerkte, daß Krukenberg zu seinem "content" Münzen geprägt habe, die auch auf den Kreis- und Münzprobationstagen für gut befunden worden seien.
Diese positive Beurteilung ist wahrscheinlich in Unkenntnis der Sachlage erfolgt. Anders als Lafferts hatte Krukenberg seine Entlassung durch ein entsprechendes Gesuch eigenhändig initiiert, um der Aufdeckung eines erheblichen Münzbetruges vorzubeugen.

Aller Vorsorge zum Trotz stand er am 16. Januar 1622 als Mitangeklagter vor Gericht des Kaiserlichen Fiskal. Die Verhandlungen ergaben, daß Krukenberg bereits in seiner Probezeit vom 10. März 1617 bis zum 23. Oktober 1618 sogenannte "Schreckenberger" auf eigene Rechnung geprägt haben muß, "die er für gute Grosche ausgab, obwohl sie sechs Pfennige wert waren" [d.i. die Hälfte des Wertes].[42]

Krukenberg war seinerzeit skrupellos genug, den Generalwardein Lafferdes, der die Clausthaler Münze hin und wieder inspizierte, in seinen Münzbetrug zu verwickeln. Indem er Lafferdes glauben machte, daß die Ausprägung der Schreckenberger auf den ausdrücklichen Befehl des Herzogs erfolgte und der daraus erwachsene Münzgewinn in der landesherrlichen Zehntkasse verrechnet würde, schaffte er sich einen unfreiwilligen Verbündeten. Dieser riet ihm, die Schreckenberger unter Verschluß zu halten, bzw. auf Anfrage keine anderen Proben als die von üblichen Kurantmünzen[43], wie halben und ganzen Örtern und Ortstalern oder Dreiern, vorzuführen. Wie sich herausstellen sollte, eine gut gemeinte aber unzureichende Vorsichtsmaßregel.
Am 16. April 1622 widerfuhr Krukenberg erstmals eine unmittelbare Bedrohung, ausgelöst durch den Überbringer einer gegen ihn gerichteten Anklageschrift des Reichskammergerichts, den die inszenierte Präsentation der 'reelen' Proben aus der Clausthaler Münzschmiede unbeeindruckt ließ. Lafferdes mußte sich mit seiner Unterschrift für die Unschuld des verdächtigen Münzmeisters verbürgen, um den aus Speyer gesandten Boten wieder loszuwerden.

Henning Schreiber
1622 bis 1640 Münzmeister zu Clausthal

Henning Schreiber stammte aus Halberstadt und war für längere Zeit in Goslar ansässig. Im Jahre 1619 wurde er Münzmeister der zur Kipper- und Wipperzeit wiedererstandenen Osteröder Münze. Nach dem kurzen Betrieb dieser Kippermünze, die nur zwei Jahre Münzen herstellte, wurde Schreiber im Jahr 1622 nach Clausthal versetzt. Am 3. Februar 1623 erfolgte seine Vereidigung als Münzmeister der Clausthaler Münze auf dem Kreistag zu Braunschweig. Schreiber besaß in Goslar ein Haus und war wohl recht vermögend.

Es kann vermutet werden, daß er sich sein Vermögen in der Kipper- und Wipperzeit durch Ausprägung minderwertigen Geldes geschaffen hatte.[44] Während der Unruhen in Goslar Anfang des Jahres 1622 wurde sein Haus von aufgebrachten Bergleuten und Leinenwebern gestürmt und ausgeplündert.[45]
Bis zum Jahr 1637 bestand sein Münzmeisterzeichen aus den Initialien H.S. und einem meist dazwischen liegenden Zainhaken. Im Zeitraum von 1637 bis 1640 lagen zwei gekreuzte Zainhaken zwischen den Buchstaben seiner Chiffre.
Am 13. Oktober 1640 starb Henning Schreiber.

Leopold Weber[46]
1640 bis 1674 Münzmeister
zu Clausthal

Im Jahr 1640 wurde Leopold Weber Nachfolger des verstorbenen Henning Schreiber. An vierteljährlicher Besoldung erhielt er 50 Taler ausgezahlt. Der Wardein Andreas Lafferdes erhielt 25 Taler, ebenso wie der Münzschmied und der Eisenschneider.
Seine 34jährige Amtszeit verlief weit weniger spektakulär als die seiner Vorgänger.

Am 30. Juni 1655 verbot der Landesherr Herzog Christian Ludwig die Prägung kleiner Münzen zu Clausthal. Der Zehntner machte eine Eingabe gegen diese Anordnung; da er zur Entlohnung der Bergleute kleine Münzen bräuchte, könne die Prägung nicht gänzlich eingestellt werden. Der Herzog ordnete daraufhin an, daß der Münzmeister Weber ''alle Wochen aus Goslar, woselbst kleine Münze häufig fällt, garwohl ein Paar Hundert Thaler anhero bringen könne.''[47]

Eine Eingabe der Bergleute aus dem Jahr 1674 macht die Tragweite einer solchen Anordnung, die die Menge der umlaufenden kleinen Münzen in der Bergstadt reduzierte, deutlich. Die Bergleute baten um Prägung kleiner Münzen, da sie sonst ihr Geld nicht einwechseln könnten und beim fremden Wechsel mit devalvierten Münzen betrogen würden.[48] War nicht genug kleine Münze vorhanden, blühten die Geschäfte der Wechselstuben, die zudem noch Wechselgebühren verlangten, und der Harz wurde ''mit sehr schnöden leichten Münzarten gleichsam überschwemmet''[42]

Noch im Jahre 1672 war ein neuer Vertrag mit Weber abgeschlossen worden, doch schon zwei Jahre später wurde er pensioniert. Leopold Weber starb drei Jahre darauf am 12. September 1677.

Von einem großen Stadtbrand in Clausthal im Jahre 1634 waren Münze und Amtshaus verschont geblieben, doch im Jahre 1674 fiel die 'Claushof-Münze' wahrscheinlich einem erneuten Brand zum Opfer. Noch im selben Jahr wurde ein neues Münzgebäude errichtet.

Der zweite Clausthaler Münzbetrieb

Die Münzmeister Heinrich und Heinrich Christian Bonhorst

Der Urgroßvater Heinrich Bonhorsts war bereits in Halberstadt als Münzmeister tätig gewesen, und auch seine Großmutter entstammte einer dortigen Münzmeisterfamilie. Heinrich (1645-1711) und sein Bruder Johann Bonhorst traten in die Fußstapfen der Urgroßväter und wandten sich dem Münzwesen zu. Heinrich Bonhorst war zunächst in der Münze zu Minden als Wardein und Administrator tätig und ging dann für kurze Zeit nach Hannover.

Am 25. Februar 1675 leistete er im fürstlichen Amtshaus in Clausthal "auf der Obern Stube" "in Praesens des Herrn Landdrost Hoch. Edl. Gestr. Berg Raths und Münz Meisters" seinen Diensteid für die ihm "gnädigst aufgetragene(n) Münz-Meisters Bedienung".[50]
Am 3. August 1681, unter dem neuen Landesherrn Herzog Ernst August, wurde Bonhorst zum wirklichen Münzmeister bestallt.

Anhand der Bestallungsurkunde, die in elf Punkten die gegenseitigen Verpflichtungen und Rechte des Dienstverhältnisses regelte, kann ein Einblick in das Aufgabenfeld des Münzmeisters gewonnen werden.
Da der Münzmeister für die Ausprägung der wertvollen landesherrlichen Silber verantwortlich war, war er seinem Dienstherrn in besonderem Maße zur Loyalität verpflichtet.
Der erste Artikel der Bestallungsurkunde bestand aus einer allgemeinen Formel, wie sie auch in Vereidigungen üblich war. Der Münzmeister sollte "getreu Hold und Dienstvertig seyn, Unser Bestes in allen wißenschaften suchen und Befordern, arges schaden und Nachteil aber so viel an ihm und Er Zuthun vermag, wehren, kehren und abwenden, insonderheit aber bey dem ihm anvertrauten Münzmeisters Ambte oder Dienste getreu und fleißig seyn ".

Außerdem hatte der Münzmeister zum einen auf einen korrekten Gehalt des Silbers oder der Legierung (beschickte Münzen), als auch auf ein gleichmäßiges Gewicht der Münzen zu achten:

"(2) *die ihm wöchentlich liefernde Silber nach dem jedesmahl Verordnendem und ihme Bedeutendem gehalt recht und wol Beschicken, die fallende Brandt Silber so rein und fein dieselbe seyn, Bey ihrem Gehalt laßen und mit allem Fleiß dahin sehen, daß im gießen die Zähne [Zaine] fein vollständig gegoßen, im Streichwerk wol adjustieret und under der Waltze recht gleichträchtig gemachet werden, damit im auß Müntzen soviel immer thunlich Ein stück für dem anderen nicht schwerer oder leichter fallen möge.*"

Die Münzen des Landesherrn durften durch ungleichmäßige Ausprägung oder unrichtigen Edelmetallgehalt nicht in Verruf geraten. Selbstverständlich war es dem Münzmeister untersagt, durch Münzverschlechterung in die eigene Tasche zu wirtschaften.
Ein anderer Artikel legte den Münzmeister auf die geltenden gesetzlichen Bestimmungen zum Münzwesen (Münzfuß, Münzordnungen) fest.
Der Landesherr garantierte aber eine gerechte Behandlung bei etwaigen Vorwürfen gegen die Person des Münzmeisters oder die von ihm ausgeprägten Münzen.

Der oberste Münzbeamte war außerdem dazu verpflichtet, die Tätigkeit des Münzwardeins zu veranlassen, der von den fertigen Münzen eine Stockprobe zu nehmen hatte, anhand derer die Befolgung der gesetzlichen Bestimmungen beim Ausmünzen des Silbers kontrolliert werden konnte (Gewicht und Feingehalt der Münzen):

"(6) *Der Stockproben sollen Hinfüro durch den Guartin, wie sichs gebühret, nach den wie in articulo 4to erwehnet, genommen, fernacher im Berg Ambte in einer eigenen Büchse Verwahret und davon die Halbschied, durch den Guartin eingesandt werden;*"

Da bei der Münzproduktion kleinere Silberverluste nicht zu vermeiden waren, wurde dem Münzmeister ein gewisser Spielraum eingeräumt. Es waren z.B. "so wol in gießen alß Beym durchschnitte" auf jede 100 Mark Silber sechs Lot, bei weniger reinen Silbern acht Lot, 'abgang' gestattet. Eine Mark Silber entspricht 233,8 g, 1 Lot entspricht 14,6 g. Bei der Vermünzung von 23,38 kg Silber lagen 87,6 g bzw. 116,8 g im Rahmen des erlaubten Verlustes. Nur ca. 0,38% bzw. 0,5% des wertvollen Edelmetalls durften bei diesem Abschnitt der Münzherstellung verlorengehen. Dazu kam ein weiterer Betrag von drei Talern Verlust auf 100 Mark Silber.

Unter Punkt sieben wurde die Besoldung des Münzmeisters festgelegt, der 300 Taler pro Jahr und zusätzlich 50 Taler als Vergütung für den Ankauf des Silbers erhalten sollte.
Auch die Lohngelder für die Münzarbeiter wurden wöchentlich an ihn ausgegeben. Bei einer Wochenleistung unter 90 kg vermünzten Silbers belief sich der Betrag auf 21 Taler 6 Groschen. Für alle darüberhinaus ausgeprägten 100 Mark (= 23,38 kg) sollten zusätzlich 3 Taler 12 Groschen ausgezahlt werden:

"(8) *Damit eß auch wegen der Müntzlohnung umb so Viel Beßer ohne eintzige Beschwerung Zugehen möge, so Bleibet eß einen Tag wie den andern dabey, daß so lange Er nicht über Drei bis 400 M. silber wöchentlich außmünzt ihme Ein und Zwantzig r.Thl. 6 mgr. passiren. Wann eß aber ein mehres wöchentlich außträget, so sollen ihme für jede mehr ausgeprägte Hundert*

M. Drey r.Thl. 12 mgr. Zugeleget werden;"

Ein weiterer Punkt der Bestallungsurkunde erlaubte dem Münzmeister, über einen Betriebskostenvorschuß (Verlag) von 600 Talern aus der landesherrlichen Zehntkammer zu verfügen.

Der letzte Punkt regelte die Modalitäten und Fristen einer eventuellen Kündigung des Dienstverhältnisses durch die eine oder andere Seite. Es bestand eine vierteljährliche Kündigungsfrist.[51]

Zu Beginn der Amtszeit Heinrich Bonhorsts wurde die bisherige Clausthaler Hammermünze in eine 'moderne' Druckmünze mit einem Adjustierwerk umgewandelt. Er hatte den Posten erhalten, weil er das nötige "Know-How" für die Umstellung der Münzproduktion mitbrachte.

Die Landesherrschaft war mit Heinrich Bonhorsts Tätigkeit zufrieden. Am 11. Februar 1695 wurde er zum ersten Münzdirektor zu Clausthal ernannt. Sechs Jahre später bat der nunmehr 56jährige, daß er seinen ältesten Sohn Heinrich Christian im Münzwesen unterweisen dürfe und dieser die Anwartschaft auf die Clausthaler Münzmeisterstelle erhalte.
Vom 27. Juli 1702 an konnte Heinrich Christian seinem Vater offiziell bei den Münzgeschäften zur Seite stehen.
Im Jahre 1707 wurde er zum wirklichen Adjunkten mit Anwartschaft auf die Münzmeisterstelle bestallt.

Heinrich Christian reiste zunächst nach Nürnberg, um dort die Goldscheidung durch die Quart[52] zu erlernen.
Nach seiner Rückkehr nach Clausthal übte er dieses Verfahren zur Scheidung des Goldes von dem Rammelsberger Silber aus.
Am 10. August 1711 konnte Münzdirektor Bonhorst 250 aus dem Unterharzer Gold geprägte Dukaten und Medaillen an den

Berghauptmann von dem Busche einsenden.[53]

In der Nacht vom 13.10.1711 fand Heinrich Bonhorst ein tragisches Ende. Er wurde in dem Hause seines Schwiegersohnes "von zween Dieben zu Gotha in seinem Bettde erschossen".[54]

Mit dem Tod seines Vaters ging die Münzmeisterstelle an Heinrich Christian Bonhorst über. Er führte zunächst den Titel Vice-Münzdirektor, wurde am 26. April 1712 zum Titular-Münzdirektor in Clausthal und am 23. März 1717 zum wirklichen Münzdirektor ernannt.
Seit dem Jahr 1722 mehrten sich Klagen über die zunehmende Krankheit Heinrich Christian Bonhorsts. Er starb bereits drei Jahre später im Frühjahr 1725 und hinterließ eine Tochter.

Ein Stoßwerk verbessert die Münztechnik

Schon im Jahre 1672 war die Bergverwaltung mit Heinrich Bonhorst in Verhandlung getreten. Er sollte als Gutachter wegen der geplanten Anschaffung eines Stoßwerkes für die Clausthaler Münze tätig sein. Dieses Gutachten umfaßte auch Vorstellungen "Von Seiner Besoldung, Rang, Verlagsgeldern und Caution"[55]. Es wurde also gleichzeitig die Besetzung der Münzmeisterstelle mit ihm erörtert.

Heinrich Bonhorst lieferte auf die Anfrage des Bergamtes eine Aufstellung der Maschinen und Einrichtungen, die benötigt wurden, um die Clausthaler Münze auf die 'moderne' Technik umzurüsten.

Als erstes führt Bonhorst aus, daß ein "Wasserwerck" zum Antrieb des Streckwerkes zwar höhere Anschaffungskosten verursache, aber "Hernachmahls nichts mehr kostet, undt demnach wohl das beste sey". Ein "Roßwerk", also ein Antrieb mit Pferdekraft, koste weniger in der Anschaffung und habe den Vorteil, daß es "auch in ermangelung wassers alle Zeit gebraucht werden" könne.
Erforderlich sei nur ein solches Streckwerk zum Strecken der Zaine.

Von einer weiteren Maschine "noch ein ander subtilen Streckwerck", "dadurch die Stücken egal gemacht und gejustieret werden", der Adjustierbank, würden zwei Stück benötigt. "menschen Hände" trieben diese Maschinen an.

Als nächstes würden vier Durchschnitte gebraucht, die ebenfalls durch Menschenkraft anzutreiben seien. Mit Hilfe dieser Maschinen konnten aus den Zainen runde Münzrohlinge, sogenannte Platten, ausgeschnitten werden.

"Dan folgen die Druckwercke, welche maschines auch durch menschen hände employeret werden. Derer sein Dreyerley zu grossen, mittelmäßigen und kleinen gelde." Diese Druck- oder Stoßwerke lösten die althergebrachte Technik der Hammermünzen ab.

Desweiteren sei ein "Drähwerck zu den waltzen" nötig. Wahrscheinlich ist damit ein Walzenprägewerk gemeint, eine Prägemaschine, bei der die Zaine zwischen zwei entsprechend gearbeiteten Walzen durchlaufen und dabei ihr Gepräge erhalten.

Eine Schmiede mit allem Zubehör, einen Glühofen mit einer gußeisernen Platte und drei bis vier Schmelzöfen führt Bonhorst in seiner Liste der benötigen Maschinen und Einrichtungen weiter auf.

Danach erläutert er den Platzbedarf der Münzeinrichtung. Zunächst seien ein bis zwei große Räume für den Wasserantrieb nötig, ein Raum, in dem die kleineren Maschinen (Adjustierbänke, Durchschnitte, kleine Stoßwerke) angeordnet werden könn-

Abb. 11: Silberbrennhaus (33.), Schmelzgewölbe
(34.), Streckwerk (36.), Durchschnittmaschinen (37.),
Gaipel (35.) und Laboratorium (38.), Darstellung auf
dem Prospect des Harzwalds, Original Oberharzer
Bergwerksmuseum

Abb. 12: Prägesaal einer Münze, links Stoßwerk,
rechts Hammermünze, Darstellung auf Prospect des
Harzwalds

ten und ein ebenso großer Raum für das große Stoßwerk und das Walzenprägewerk. Ein
Schmelz- und Gießhaus sei aus Stein aufzu-
bauen; dorthinein solle auch der Glühofen
kommen. Auch sei eine ''Schmidt Esse ne-
benst eines kleine wohnhauß vor den
Schmiedt und seine gesellen sehr dienlich
und nöthig''. Der Münzmeister solle seine
Wohnung ebenfalls auf dem Gelände der
Münze haben, damit er ''alles zugleich be-
obachten'' und immer zur Stelle sein könne.

Als nächstes listet Bonhorst dezidiert auf,
was an Gerätschaften, Werkzeugen und Materialien benötigt werde und nur zum Teil
bereits vorhanden war.

Ein zusätzlicher Punkt waren die Arbeitskräfte und die Lohnkosten. Zunächst war
ein Münzwächter erforderlich, der u.a. für
das Messen, Maltern und den Weitertrans-
port des angelieferten Brennmaterials zuständig war. Dieser wurde allerdings ebenso wie der Eisenschneider und der Wardein
von der Landesherrschaft direkt entlohnt.

Als weitere Arbeitskräfte wurden gebraucht:

wöchentlicher Lohn

''- ein Schmiedemeister	2 Taler
- mit zwei bis drei Gesellen	à 1,5 Taler
	= >4,5 Taler
- drei Arbeiter zum Ziehen,	
Durchschneiden, Gießen etc	à 1,5 Taler
	= >4,5 Taler
- ein Schmeltzer, der das	
Glühen und Gießen ver-	
richtet	2 Taler
- ein Junge	1 Taler

Summa 14 Taler''

An wöchentlich anfallenden Kosten für verschiedene Materialien errechnet Bonhorst
weitere 7 Taler 33 Groschen.

Die anderen Punkte seines Gutachtens be-
fassen sich mit den Fragen der Besoldung,
der Höhe des Verlags etc., wie sie in seinem
Vertrag schriftlich fixiert wurden. Er bot
sich an, die anzuschaffenden Maschinen an-
fertigen zu lassen und in Betrieb zu nehmen.
Das zu dieser Zeit noch vorhandene Gebäu-

de könne durch einige Anbauten weiter als Münze genutzt werden. Allerdings könne die Münze dann nur mit einem 'Roßwerk' und nicht mit einem wasserangetriebenen Streckwerk ausgestattet werden.

Die Vorschläge Bonhorsts wurden weitgehend akzeptiert, und im Jahre 1674 erstellte er einen Kostenvoranschlag für die benötigten Geräte und Einrichtungen, der sich auf knapp 400 Taler belief.[56]

Nach der Errichtung eines neuen Münzgebäudes im Jahre 1674 wurde aus Celle das Stoßwerk für die Clausthaler Münze beschafft. Auch die erforderlichen Druck- und Justierwerke wurden eingerichtet, und bald darauf konnten die ersten Geldstücke mit der neuen Technik geprägt werden.

Das starken Beanspruchungen unterworfene Stoßwerk war im Jahre 1710 so beschädigt, daß die Clausthaler Verwaltung Überlegungen anstellte, ob ein neues anzuschaffen sei. Ein wiederum in Celle verfügbares Stoßwerk erwies sich aber nach Begutachtung als ungeeignet. Das alte Stoßwerk mußte daher doch repariert werden.[57]

Die Erweiterung der Münze

Im Jahre 1717 wurde Kritik an der Ausprägung des Geldes auf der Clausthaler Münze laut. Das Gepräge sei nicht sauber genug, war aus Hannover zu hören. Der Eisenschneider solle seine Stöcke schärfer und tiefer schneiden, die Platten (Münzrohlinge) sollten besser gesäubert werden. Mehr Scheidemünzen, d.h. kleine Münzsorten, sollten ausgeprägt werden (2000 Taler in Scheidemünzen im Vierteljahr). Es sei zu überlegen, die "Prägung mit dem Ring"[58] eventuell auch in Clausthal einzuführen, da damit sauberer geprägt werden könne. Der Berghauptmann von dem Busche wurde aufgefordert, Stellung zur Kritik aus Hannover zu beziehen.[59]

Er leitete die Beschwerde an das Clausthaler Bergamt weiter. Mehrere Mitglieder des Bergamts überlegten daraufhin gemeinsam mit dem Münzdirektor, wie die Münzprägung in Clausthal verbessert werden könne. Nach einigen hin und her gehenden Schreiben einigte man sich, daß für die Münzprägung im Ringe ein oder mehrere zusätzliche Stoßwerke angeschafft werden müßten und ein Anbau an das Münzgebäude erforderlich sei.

Der Zehntner Christian Hattorf reichte Vorschläge für den Anbau ein. Es könne "an der Seithe nach des Obristen Craus Haars garten, des orthes wo itzo aufm Müntzhofe die Waßertröge stehen" ein Anbau erstellt werden. Alternativ sei an der anderen Seite Platz genug für einen Flügelanbau, der dem Münzgebäude in seiner "Egalité" keine "Änderung" geben dürfte.

Beide Vorschläge wurden verworfen. Daraufhin reichte das Clausthaler Bergamt einen Voranschlag über eine Verlängerung des Münzgebäudes und Wohnhauses um 20 Fuß nach der Seite des Illingschen Hauses ein. Dabei sollte das Portal versetzt werden, um die Symmetrie des Gebäudes zu erhalten. Die geschätzten Kosten beliefen sich auf 931 Taler, 12 Groschen, 4 Pfennig.

Dies erschien der Verwaltung in Hannover zu teuer. Am 14. Juni schickte sie ein Schreiben an das Clausthaler Bergamt und ein gleichlautendes Schreiben an den Communionmünzmeister Horst und den Wardein Brauns aus Zellerfeld. Darin begründete man die Ablehnung damit, daß ein solcher Anbau nicht harztypisch und zu kostenaufwendig sei. Ein einfacher, einstöckiger Anbau an die Hofseite des Gebäudes sei für das neue Stoßwerk ausreichend. Horst und Brauns wurden beauftragt, vor Ort zu überlegen, wo und wie der Anbau erstellt werden könne. Gemeinsam mit Bonhorst sollten sie die vorhandenen Gegebenheiten prüfen und einen Kostenvoranschlag erstellen. Am 4. Juli lieferten Horst und Brauns ihren Bericht an den Berghauptmann ab. Gemeinsam mit Hüttenreuter Kern und Maschinen-Direktor Ripking hatten sie festgestellt, daß ein "Angeschiebe" mit der Wohnung des Schreibers schon vorhanden sei. Der Baugrund sei zwar gut, der Anbau selbst befände sich jedoch in keinem guten Zustand, er sei "faul und wandelbahr, so daß es ohnedem in wenigen Jahre repariret werden müste."[60] Daher sei es besser, den vorhandenen Anbau ganz abzureißen und an derselben Stelle ein um 10 Fuß längeres Angebäude zu errichten. Die Baukosten würden sich unter Zuziehung Zellerfelder und Clausthaler Handwerker auf 421 Taler 5 Groschen belaufen.

Mit dem Datum vom 9. Juli traf die Baugenehmigung aus Hannover mit der Ermahnung ein, die veranschlagten Kosten keinesfalls zu überschreiten. Es verursachte einigen Verwaltungsaufwand, daß die Kosten dann doch um 141 Taler höher ausfielen, wie aus der Rechnung des Berggegenschreibers Spangenberg vom 7. Mai 1718 hervorging.

Anfang des Jahres 1719 genehmigte die Verwaltung in Hannover die zusätzliche Ummantelung des Schornsteins mit Eisenblechen und, da es an der 'Nahtstelle' zwischen Haus und Anbau durchregnete, die Abdichtung dieser Stelle mit Tafelblei.

Im Jahre 1721 mußten einige Reparaturen auf der Münze durchgeführt werden. Die große eiserne Glühpfanne war gesprungen und mußte erneuert werden. Ebenso waren Schraube und Mutter des Stoßwerkes so verschlissen, "daß Acht Leute nicht capabel gewesen, darunter Specie Thlr. zu prägen". Am Anfang des Jahres 1725 wies der Glühofen einen Defekt auf und wurde repariert.[61]

Die zweite Betriebsperiode der Clausthaler Münze endete am 26. März 1725. Clausthal wurde von einem großen Stadtbrand heimgesucht, dem auch das Münzgebäude zum Opfer fiel.

Der dritte Clausthaler Münzbetrieb (1725-1849)

Der Clausthaler Stadtbrand von 1725

Im März des Jahres 1725 brach in Clausthal ein großer Brand aus, der zahlreiche Gebäude und Wohnhäuser zerstörte. Darunter befand sich auch das Münzgebäude. Ein Augenzeugenbericht des damaligen Vice-Berghauptmanns von Heimburg gibt Zeugnis davon ab, wie schwierig die Brandbekämpfung mit den damaligen Hilfsmitteln war. Aber er berichtet auch von den Szenen, die sich auf den Straßen abspielten und bietet vor allem sozialgeschichtlich interessante Aufschlüsse:[62]

"Der Bergsyndicus BEST, an welchen ich mitts in der größten Gefahr, gestern Morgen, zwischen 5. und 6. Uhr per Estaffetta [Eilbote] eiligst geschrieben, wird die höchstbetrübliche Nachricht gegeben haben, wasmaßen in der gestrigen Nacht, zwischen Sonnabend und Sonntag, Abends um 12 Uhr die Bergstadt Clausthal mit einer entsetzlichen Feuerbrunst heimgesucht. Es hat dieselbe auf dem Platze über dem Klepperberge in des Schichtmeisters RABIUS Hause ihren Anfang genommen, und zwar so viel ich noch zur Zeit weiß, durch die Verwahrlosung einer Dienstmagd, welche das Licht vor dem Bette mag brennen gelassen haben, doch aber auch selbst mit verbrannt ist.

Der FACTOR mit seiner Frau sollen durch das Geschrey dieser Magd ermuntert seyn, wie aber jener in Meinung, daß es Diebe wären, mit Gewehr in die Cammer lauffen will, und die Tür auffmacht, schlägt ihm die Flamme ins Gesichte, daß auch noch itzo das Merkmal davon zu sehen ist.

Alß ich zum Clausthal anlangete, stunden nur zwei Häuser erst im Feuer, ich fand aber nicht die geringste Anstalt vor mir, sondern mußte mit Betrübniß ansehen, daß das gegenüberstehende Wirtshaus die Crone, nebst dem daran gräntzenden Wohnhause des Berg CHIRURGI GLATSBACH von denen wütenden Flammen ergriffen wurden, welche darauff nicht allein nach der Sorge, sondern auch zu beyden Seiten der Goslarschen Straße hinunter lieff, und unter anderen den Zehenden, zu samt denen hinter Gebäuden plötzl. in die Asche legte.

Man bemühte sich zwar äußerst bey denen negsten Gaßen, des DOCTORIS Willerding, und ein gegen ihn überstehendes Haus nieder zu reißen, allein die Flamme nahm gar zu geschwinde überhand, und grassirte immer weiter, daß fast in einem hui die übrige Gebäude biß an das Amt Haus, die Reihe Häuser auff dem Marckt nach der Schulstraßen hin, ja die Gottes Acker Kirche selbst, welche doch noch ohne großen Schaden gerettet wurde, auffeinmahl in vollem Brand stunden.

Das Amt Haus zu erhalten, geschahe aller Menschmöglichster Fleiß, wiewohl vergebens, zumahlen von hinten zu der mit Heu und Stroh angefüllte Stall auff einmahl in die Flamme gerieht, und da man an so vielen Orten DISTRAHIRET [verteilt] war, nicht Waßer genug, oder andere Gerätschaft zu bekommen stunde.

Kurtz nach meinem gestrigen Bericht, ging die Flamme weiter, entzündete das drechslersche und des Puchverwalters Illing Haus, von da das Rathaus selbst, mit der gantzen Reihe Häuser am Marckte biß an die Rollstraße, Welche nebst der Schul Gaße, und denen übrigen, so in dieser Gegend daran stoßen, durch unglaublichen Fleiß und Arbeit, negst Gott beybehalten wurden.

Der Obere Thurm auff der Marckt Kirche hatte schon auch 3 mahl Feuer gefaßet, doch gab Gott Gnade, daß solches bald wahrgenommen, und gelöschet worden.

Ebenmäßig ist das Brauhaus stehen geblieben, und weilen man zugleich drey kleine Gebäude hinter dem Rathause niedergerißen hatte, waren wir der fester Zuversicht, es würde nunmehro die größte Gefahr vorrüber seyn. Allein ganz unvermuthet, geriehte durch einiges dahin geflogenes Speck[?], aller menschlichen Gegenwehr ohngeachtet, des Hüttenreuters Kern Wohnung auch in dem Brand, und da war vollend alle menschliche Hülfe verlohren, und augenscheinlich zu spüren, daß der allerhöchste Gott, die Bergstadt CLAUSTHAL noch weit härter zu bestraffen, nach seinen unerforschlichen Raht und Willen beschlossen hatte, ja welches wegen der Abgelegenheit, und guten Anstalt niemand vermuthete, an die Müntze selbst, von da es zu beyden Seiten der Osteröder Straße gleichsam hinan floge, nicht weniger die Sägemühlen Gaße, doch ohn Schaden des daran stoßenden, und in der größten Gefahr gewesenen Waysenhauses stehen geblieben, mit nahm, ja sogar das Schützen Haus der weiße Roß genandt, welches am äußersten Ende der armen Bergstadt lieget, CONSUMIRTE [verzehrte]. Von dem Gantzen Sorger Vierthel ist überaus wenig mehr vorhanden, und Gott nicht genugsam zu danken, daß der Rosenhöfer Zug, wovon der drey Brüder Güpel, allbereit zu brennen angefangen, SALVIRET [gerettet] worden.

Es ist mit keiner Feder zu beschreiben, wie unbändig, Gottloß und verwegen sich das CLAUSTHALSCHE Bergvolck aufgeführet, gegen ihre Vorgesetzte, keinen eintzigen ausgenommen, allen RESPEKT und Folge demgestalt vergeßen, daß die mehreste mit Scheltworten, theilß auchwohl mit Schlägen empfindlich TRACTIRET worden, ja es sind von vielen, deren ich doch keinen kenne, die Worte gehöret, es schade denen Reichen nicht, daß ihre Häuser im

Abb. 13: Brandkarte aus dem Jahre 1725, Oberharzer Bergwerksmuseum

Rauch auffgingen und solle man das übrige für dem Teuffel hinbrennen laßen. Viele haben sich auff das Stehlen geleget, wovon 3 hieselbst zum Zellerfeld ertappet und geschloßen seyn, andere nebst denen Fuhrleuten hin und wieder in der Stadt, retten helffen, einige sind mit Gewalt in die Apotheke gefallen, haben daselbst ein Schrank PAR FORCE [mit Gewalt] auffgebrochen und so viele BOUTEILLES Brandtwein ihnen geben laßen, als sie nur gewollt, mit angehengten Bedrohen, denjenigen Tod zu schlagen, welcher sich im geringsten darwieder bewegen würde. Unter andern haben die Soldaten einen Dieb mit ein paar hundert SPECIES Rthl angetroffen welcher ihnen aber von denen übrigen Bergleuten auff sein Anrufen, wieder entrißen worden, wobey noch ein CORPORAL BLESHIRET ist.

Hingegen kan ich wohl mit Wahrheit sagen, das die Zellerfelder und andere auswärtige Bergleute, welche zum Retten COMMENDIRET gewesen, sich gar wenige ausgenommen, sehr wohl gehalten. Für allen anderen aber MERITIREN [verdienen] das größte Lob, und eine unvergeßliche Dankbarkeit, der mehreste Theil von der OSTERÖDISCHEN GUARNISON, welche mit Herren OFFICIERS, und dem H. Obrist LIEUTENANT von BACHELE selbst, zur Hülfe geeilet, nebst dem Herrn Bürgermeister Hattorf, welcher viele Bürgere und Handwerkere aus itztermeldter Stadt mitgebracht, MERVEILLES [Wunderbares] getan, und wenn es mügl. seyn können, daß sie im ersten Anfang der Feuersbrunst zugegen gewesen, mit Gottes Hülfe über 2 biß 3 Häuser nicht würden seyn verloren gegangen.

Die CLAUSTHALsche Feuergerähtschaft hat eben so wenig genützet so, daß es sonderlich im Anfang des Unglücks an allen gefehlet, wer nun hieran Schuld habe, oder woher es sonst rühre, soll nechsten Tages untersuchet werden für itzo ist man äußerst

beschäftiget, die an den mehresten Ohrten noch in voller Flamme stehenden RUDERA [Ruinen] zu dämpfen. Und weil im Zehnt Gewölbe, der REGISTRATUR, dem Müntz Gewölbe, und denen geschmoltzenen Cämmerey Geldern noch nicht beyzukommen, die Bergleute aber, sich alß DESPERAT [eigentl. verzweifelt, hier stärker negativ gemeint] aufführen, so habe kein ander Mittel ausfinden können, alß bey dem H. Obristen von WURMB, um REGULIRTE MILICE anzuhalten, welcher auch diese Nacht, einen CAPITAIN mit 50 Mann geschicket, wozu von OSTERODA noch heute 30 erwarte, und hat der H. Obrist LIEUTENANT von BACHELE versprochen, auf allem Nohtfall, noch mehrere PARAT zu halten. Mit obigen Leuten, welche von Zeit zu Zeit auswärtige zugegeben werden, seyn vorbemeldte örther starck besetzt, wobey zum Schrecken von denen HH. OFICIERS die ORDRE offentlich gegeben worden, das Gewehr scharf zu laden.

Morgen wollen wir zusammen kommen, und von denen vornehmsten PUNCTEN, unser ohnvorgreiffliches Gutachen abgeben, welches hoffentlich übermorgen früh zu Hannover nebst meinem ferneren Bericht eingelieffert werden wird.

Wann die Unruhe und DESPERATION der Bergleute sich erst in etwas gestillet, soll auff den bey der Feuersbrunst verübten Frevel, jedoch ohn alzugroße Strenge INQUIRIRET [untersucht] werden, um einigen derer Boßhafftigsten auszufinden, weilen es einem allzuschädlichen CONSEQUENZ gereichen würde, solche ENORMITTEN gäntzlich ungestrafft zu laßen, biß dahin wir mir erlaubet seyn, die REGULIRTE MILICE bey zu behalten.

Im übrigen verstelle zu Eur. EXCELLENTIEN und Hochwohlgeb. beliebigen Verfügung, ob es nicht gut seyn werde, einen geschickten Baumeister schleunigst anhero

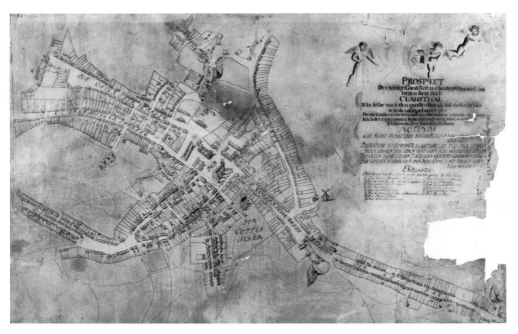

Abb. 14: Plan der nach dem Brand wiederaufgebauten Bergstadt Clausthal, Oberharzer Bergwerksmuseum

zu schicken, der von einem neuen Müntz- gebäude, welches nicht so lange entrahten werden kan, auch allenfallß dem Amt- und Rahthause einen PLAN, nebst einen An- schlage verfertige, wonach die MATERIA- LIEN in Zeiten können angeschaffet, für- nemlich aber das benötigte Bauholtz, ehe der Safft noch mehr in die Bäume tritt, RE- SPECTIVE gehauen und angefahren werden.''

Die Räte in Hannover befaßten sich bereits am 28. März mit der Clausthaler Brandka- tastrophe.[63]
Sie wiesen die Clausthaler Beamten an, darauf zu achten, daß aus den noch schwe- lenden Brandstätten kein erneuter Brand entstehe.
Die Räte waren besorgt über das Verhalten der Clausthaler Bergleute. Sie verlangten die Publikation einer Anordnung, die Wi- dersetzlichkeit gegen die Vorgesetzten un- ter Leib- und Lebensstrafe stellte. Die Ver- fahren gegen die aufrührerischen Bergleute seien mit Fleiß fortzusetzen.

Als besonders wichtiger Punkt erschien den Räten der Betrieb der Bergwerke, Aufbe- reitungsanlagen und Hütten und damit zu- sammenhängend das Funktionieren der Bergverwaltung. Neben den wirtschaftli- chen Verlusten, die ein Betriebsstillstand für die landesherrliche Kasse bedeutet hät- te, erhoffte man sich durch ein Aufrechter- halten der Produktion die Einsparung ''ex- traordinairer Mittel'' zum Unterhalt der Bevölkerung, da in diesem Fall die Löhne weitergezahlt werden konnten.
''Unvermögsahme und beschädigte Leu- the, auch Wittben und Kinder'' sollten nach harzüblichem Gebrauch ''aus denen dazu gewidmeten Cassen'' Unterstützung erhalten. Darüberhinausgehende Maßnah- men müßten auf Vorschlag des Vice- Berghauptmanns von Heimburg beraten werden.
Auch über die Unterbringung der durch den Brand obdachlos gewordenen Einwoh- ner Clausthals und die Versorgung des zum Lebensunterhalt bedeutsamen Viehs mach- ten sich die geheimen Räte Gedanken.

31

Für die Bergung der noch unter den Brandruinen vermuteten Münzen und die sichere Verwahrung des bereits sichergestellten Geldes aus Zehnthaus, Berghandlungskasse und Münze wurden Anordnungen getroffen.

Schon aus dem Augenzeugenbericht über die Brandkatastrophe ging die Einschätzung der Dringlichkeit des Wiederaufbaus der Clausthaler Münzstätte hervor. Die Räte in Hannover teilten die Meinung des Vice-Berghauptmanns von Heimburg: "Weil der Umbgang des Bergwercks, wie §3 erwehnet, das nohtwendigste, also würde auch am ersten eine neue Müntze zu bauen und wegen des dazu benöthigten Eichen-Holtzes aus denen Landesforsten an den H. Oberjägermeister von Oeynhausen Verfügung ergehen müßen."
Die Münze stand an erster Stelle der Überlegungen zum Wiederaufbau der abgebrannten Bergstadt. Holz sollte dafür angewiesen werden. Bei den übrigen Häusern taten sich die Räte etwas schwerer. Sie waren besorgt, woher das ganze zum Aufbau benötigte Holz genommen werden sollte. "Ohne Ruin der Forsten und ohne Nachteil des Bergwerks kann es aus den harzforsten nicht genommen werden." Es solle bedacht werden, ob die Häuser nicht zum Teil aus Backsteinen und Mauerwerk wiederaufgebaut werden könnten. Auch müßten nicht so viel und so große Häuser gebaut werden. Über diesen Punkt wollte man jedoch noch gesondert beraten.

Am 10. April erließ König Georg eine Anordnung den Wiederaufbau des Amtshauses und der Münze betreffend:

"Wegen des Müntz-Gebäudes gehet Unsere intention dahin, daß dasselbe ebenfalls auf den vorigen Platz gebauet, auch so wie es vorhin gewesen, eingerichtet werden solle, es wäre dann, daß in einigen, den Haubt-Bau nicht altenirenden Stücken, eine Verbesserung zu machen stünde, welches Wir eurer und der übrigen Committirten Ermeßigung anheim geben. Zu unnöthigen Kosten aber wollen Wir Uns nicht engagirt wißen, sondern Uns ist am meisten daran gelegen, daß die Müntze ohne Weitläuffigkeit wiederum in vorigen Stand und Gang gebracht werden möge."

Mit der Ausführung der Wiederaufbauarbeiten wurde eine Baukommission betraut, der der Architekt Reets und der Land- und Amtsbauschreiber Vick zugeordnet wurden. Die Aufbauarbeiten begannen noch im Sommer 1725. Fertiggestellt wurde das neue, heute noch erhaltene Münzgebäude im Mai 1727.[64]

Der Münzbetrieb unter Christian Philipp Spangenberg

Bereits im April des Jahres 1725 bewarb sich der Berggegenschreiber und Münzwardein Christian Philipp Spangenberg um den Posten des Münzdirektors der Clausthaler Münzstätte. Im September des Jahres wurde er vom König zum Münzmeister in Clausthal ernannt. Für ihn sprach die Tatsache, daß er in seiner Funktion als Münzwardein während der langwierigen Krankheit des vorherigen Münzdirektors Bonhorst "auf das Müntz-Wesen fleißig mit acht gegeben" hatte.[65]
Noch vor Beendigung der Bauarbeiten an der Münze wurde die Münzprägung wieder aufgenommen.
Die Hinter- und Nebengebäude der Münze waren nicht alle mit abgebrannt. Vom Schmelzhaus hatte lediglich das Dach Schaden genommen, so daß hier die Arbeiten bald wieder aufgenommen werden konnten.[66]

Trotz einiger Meinungsverschiedenheiten zwischen dem Clauthaler Zehntner Hattorf und dem Münzmeister Spangenberg im Laufe des Jahres 1728, wobei es um die Menge des auf der Münze im Vorrat zu haltenden

Brandsilbers ging[67], waren die Räte des Königs mit der Arbeit Spangenbergs zufrieden. Im März des Jahres 1729 wurde ihm von Georg II. das Prädikat "Müntz-Director nebst Berg-Sekretarienrang" verliehen.

Unter der Leitung Münzdirektor Spangenbergs wurden von der 25 Dukaten schweren Goldmedaille mit dem Brustbild Georg II. bis hin zu Kupferpfennigen zahlreiche Münzen in Clausthal geprägt. Allein zur Lohnung mußten wöchentlich 7000 bis 8000 Reichstaler in verschiedenen Münzsorten in den Zehnten geliefert werden.[68] Die meisten Stempel verfertigte in dieser Zeit der Eisenschneider Ehrenreich Hannibal. Sein Nachfolger wurde sein Sohn Martin Konrad Hannibal, der von 1743 bis 1758 als Eisenschneider zu Clausthal tätig war.

König Georg II. besuchte im Jahre 1729 die Clausthaler Münze und äußerte bei dieser Gelegeheit Vorstellungen zur künftigen Gestaltung des Münzgepräges. Der Eisenschneider Hannibal wurde daraufhin beauftragt, den Stempel nach dem Wunsch des Königs zu schneiden.[69]

Im Jahre 1736 erteilte der König dem Münzdirektor Spangenberg den Rang, "welchen unsere Zehntners und Bergsyndici genießen".[70]

In diesem Jahr waren bereits einige Reparaturen am Gebäude und an den Geräten notwendig geworden. Neue Gießkästen mußten angefertigt und das Stoßwerk repariert werden.

In den darauffolgenden Jahren, so weist eine Akte des Oberbergamtes aus, kam es wiederholt zu Reparaturen und Neuanschaffungen stark beanspruchter Teile und Geräte, wie z.B. des Glühofens und der Glühpfannen, des Schmelzofens oder der Schraube und Mutter des Stoßwerkes.[71]

Im Jahre 1749 lieferte die Firma Wilde und Marx eine neue Rändelmaschine nach Clausthal.

Bis zum Jahr 1751 war Münzdirektor Spangenberg tätig. Sein Nachfolger wurde zunächst kommissarisch der Wardein Johann Wilhelm Schlemm, den der König im Jahr 1753 zum Münzmeister ernannte.

Abb. 15: Rändelmaschine im Städtischen Museum Stolberg, Foto: B. Hallmann

Aus dem Tagebuch des Münzmeisters Johann Wilhelm Schlemm

Der Wardein Johann Wilhelm Schlemm zeichnete in der Art eines Tagebuches im Zeitraum von 1735 bis 1753, dem Jahr seiner Ernennung zum Münzmeister, "alle vorkomende merkwürdige Sachen" auf. Ein Teil seiner Eintragungen bezieht sich auf seinen Werdegang innerhalb der Clausthaler Bergverwaltung und seine Ernennung zum Wardein.[72] Schlemm legte im Frühjahr 1743 sein Juraexamen an der Universität Göttingen ab und trat als Auditor, eine wahrscheinlich einem heutigen Referendar entsprechende Position, in den Dienst der Clausthaler Verwaltung.

"Den 5ten Jun. 1743 bin ich als Auditor auf dem hiesigen Rahthause zum Clausthal introduciret worden; der Herr Richter Michaelis nahm den Eyd von mir ab.

Den 15ten Jun. 1743 bin ich als Auditor in dem hiesigen Berg-Ambte von dem Herrn Vice-Berghauptmann von Bülow introduciret worden, und habe alß Sessionem [Sitz] an der neben Tafel bekommen.

Nachdem beliebt worden von der hiesigen Berghaupt Mannschaft mich im Probiren examiniren zu laßen, so sind die beyden Müntz Guardeins Borckenstein allhier zum Clausthal, und Schröder zu Zellerfeld dazu comittiret worden, und haben demnach den 3ten September 1744 den Anfang damit gemacht, in des Müntz Guardeins Borckensteins Behausung.
Das gantze Examen dauerte 4 tage, und wurden mir folgende Proben zu verfertigen aufgegeben.
- Zinnstein
- Kupfererz
- Bleyerz
- Kobold auf Blaue Farbe zum Aussieden
- Weißgülden

Nachdem der Müntz Guardein Borckenstein

in des verstorbenen Hütten Reuters Seidensticker Stelle wiederum emploiret [gebraucht/angestellt] worden, so bin ich laut Cammer Rescripti de 4ten Febr. 1745 zum Müntz Guardein wieder ernennet, und den 13ten eius [des Monats] im Berg Amt sofort mit dem Dienst-Eyd beleget worden. Den Dienst habe die Woche darauf folglich angetreten."

Im Laufe des Jahre 1746 führten den Münzwardein Schlemm verschiedene Reisen nach Halle, Dresden, Breslau, dem Erzgebirge, Wolfenbüttel, Braunschweig, Hamburg und Lübeck. Diese Reisen, über die er Reisebeschreibungen verfaßte, dienten auch seiner beruflichen Weiterbildung.

Seine Aufzeichnungen aus dem Jahre 1751 geben Aufschluß über den Grund der Beendigung der Tätigkeit des Münzdirektors Spangenberg, der aus dem Dienst entlassen wurde.

"A. 1751 im Jul. ist der Müntz Director Spangenberg wegen gemachter Herrschaftl. Schulden von einigen 30.000 Rthlr. arretiret, und 4 Wochen darauf nach Scharzfels in Gefangenschaft gebracht worden."
Es ist anzunehmen, daß diese stattliche Summe [herrschaftlicher Schulden] in Zusammenhang mit der Münzmeistertätigkeit Spangenbergs stand.

"Die Müntze ist darauf 2 Jahr lang administrirt worden, und von allen Münzsorten Rechnungen formiret.
Müntz-Commissarii waren ich und Berggegen-Probirer Drönewolf. Der Überschuß betrug während der Administration 4000 Thlr..

...bin ich von Ihr. Königl. Maj. als Müntzmeister bey der hiesigen Müntze bestellet, und den 3ten Febr. 1753 im Berg Amte introduciret worden.
Hr. BergGegen Probirer Drönewolf ist an meine Stelle gekomen und dessen Dienst hat

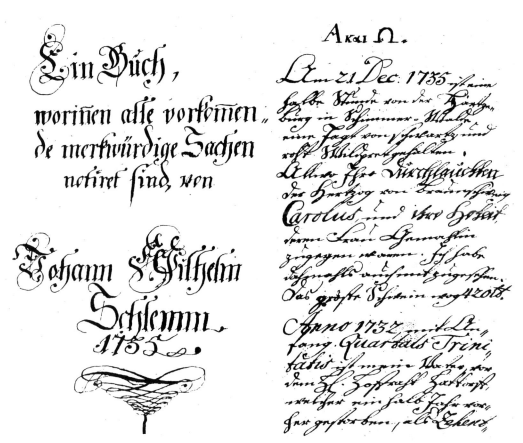

Abb. 16: Titelblatt und erste Seite des Tagebuchs des Münzmeisters Johann Wilhelm Schlemm aus dem Jahre 1755, Archiv des Oberbergamtes Clausthal

der Probirer Gehülfe Winter wieder erhalten.''

Im Jahre 1780 befürwortete die Clausthaler Berghauptmannschaft die 'Beförderung' Schlemms zum Münzdirektor. "Die hiesigen Münzmeistere haben jederzeit, nachdem sie eine gewisse Zeit die Müntz-Bedienung versehen, den Charakter eines Müntzdirectoris bekommen.'' Die Clausthaler Beamten führten die Beispiele der vorangegangenen Münzmeister an und sagten zur Person Schlemms: "Der jetzige Münzmeister Schlemm hat nun die hiesige Müntz-Bedienung seit 1753 und also bereits 26 Jahr als Münzmeister versehen, und würde es demselben also sehr zu seiner Aufmunterung ge-

reichen, wenn ihn gleich seinen Vorgängern der Character als Müntz Director beygelegt würde. Wir tragen um so weniger Bedenken, fr. Exc. (…) gefl. zu ersuchen, dem Münzmeister Schlemm den Character eines Müntz Directoris auszuwirken, da derselbe gewis den Ruhm eines geschickten Müntzmeisters verdienet, und mache ich mir daher die Hoffnung, daß mein gehorsamster Vorschlag kein Bedenken finden werde.'' Dem Vorschlag wurde von der Kammer in Hannover nach längeren Verhandlungen noch im Jahre 1780 stattgegeben.[73]

Johann Wilhelm Schlemm versah den Münzmeisterdienst in Clausthal bis zu seinem Tod am 10.12.1788. Seine Witwe,

Amalia Schlemm, führte die Verwaltung der Münzmeisterstelle noch bis Ende des Jahres 1789.

Während der Amtszeit Schlemms wurde die Münze in Hannover neu errichtet (1754). Diese Münzstätte, die sich als größte Konkurrenz der Clausthaler Münze erweisen sollte, war ursprünglich nur zum Goldausprägen eingerichtet worden, wurde aber im Jahre 1760 dergestalt erweitert, daß wenigstens 10.000 Taler diverse Münzsorten wöchentlich ausgeprägt werden konnten. Von 1781 bis 1802 ruhte die Produktion in dieser Münzstätte.

Unruhige Zeiten

Nach dem Tod Münzdirektor Schlemms wechselten die Münzmeister in Clausthal häufig, und die Stelle blieb mehrfach für eine Zeit vakant.

Neben dem Problem, einen fähigen Nachfolger für Münzdirektor Schlemm zu benennen, trug zu dieser verworrenen Situation die Tatsache bei, daß der Harz von den politischen Umständen und den Ereignissen der Napoleonischen Kriege nicht unberührt blieb.

In den Jahren 1805 und 1806 kam Clausthal unter französische Herrschaft. Von 1807 bis 1813 unterstand das Harzer Bergrevier der Herrschaft des Königs Jerôme Napoleon von Westfalen.

In der Zeit von 1789 bis 1792 war die Münzmeisterstelle in Clausthal unbesetzt. Der Zehntner und andere Mitglieder der Bergverwaltung wurden mit der Administration der Münze beauftragt.

Im Jahre 1792 ernannte König Georg III. den Zehntgegenschreiber Philipp Ludwig Magius zum Münzmeister zu Clausthal. Dieser versah den Münzmeisterdienst nur sieben Jahre lang.

Danach blieb die Stelle wieder unbesetzt. Kommissarisch verwaltete der Berggegenschreiber Lunde, der schon in der vorhergehenden interimistischen Administration mitgewirkt hatte, die Geschäfte der Münze.

Im Jahre 1802 wurde der Vizezehntner Michaelis zum Münzmeister vorgeschlagen, doch erst im Jahr 1804 kam es zum Abschluß eines Vertrages. Georg Friedrich Michaelis erkrankte bald darauf, und in den Jahren 1807 bis 1809 führte wiederum Lunde, inzwischen Zehntner in Clausthal, die Geschäfte der Münze. Im Jahr 1809 verstarb Münzmeister Michaelis und das Ministère des Finances übertrug Zehntner Lunde den Münzmeisterdienst neben seinem Dienst als Direktor des Rechnungswesens.

Die französische Verwaltung fand es bald darauf sinnvoll, die Geschäfte der Münze vom Zehnthaushalt vollständig zu trennen. Der Kasseler Münzdirektor Fulda solle von nun an die Oberaufsicht über die Münze führen. Am 28.09.1810 erließ das Ministère des Finances, du Comerce et du Tresor die Verordnung, ''daß die Clausthaler Münze ganz vom Zehnthaushalte getrennt und als ein besonderes für sich bestehendes Etablissement eingerichtet werde, dessen Oberaufsicht dem Herrn Münzdirektor zu Cassel, D.H. Fulda, übertragen ist''.[74]

Zehntgegenschreiber Bruel fungierte vor Ort als 'Münzkontrolleur', Dr. Jordan als Wardein und Zehntner Lunde nach wie vor als Rechnungsführer. Nach Beendigung der Herrschaft des Königreiches Westfalen erhielt Lunde von der hannoverschen Kammer die Ernennung zum Münzdirektor. Bis zu seinem Tod im Jahr 1819 versah er die Geschäfte der Münze.[75]

Eine Kommission, bestehend aus Bergrat Albert und Revisor Schmidt jun., verwaltete die Münze auf Rechnung der Witwe des Münzdirektors Lunde bis zum Jahre 1821.

Kriegswirren und Fremdherrschaft

Der Siebenjährige Krieg

Noch in die Dienstzeit des Münzmeisters Schlemm fielen die Ereignisse des Siebenjährigen Krieges, der für die Oberharzer Berg städte schlimme Folgen mit sich brachte.

Durch die politischen Konstellationen in Europa stand das Kurfürstentum Hannover, das seit 1714 in Personalunion mit England regiert wurde, gemeinsam mit Preußen einer Allianz der übrigen Staaten gegenüber. Mit einem Präventivschlag Friedrichs des Großen, der im Jahre 1756 preußische Truppen in Sachsen einmarschieren ließ, begann dieser Krieg, der erst im Jahre 1763 mit dem Frieden zu Hubertusburg beendet wurde.

Das Kurfürstentum Hannover bemühte sich vergeblich um Neutralität in diesem Konflikt. Hannover und Braunschweig wurden im Jahre 1757 von französischen Truppen angegriffen, die im Dezember des Jahres auch den Oberharz besetzten. Diese erste Besetzung endete jedoch bereits im Frühjahr 1758. Im Jahre 1761 gelang es den Franzosen erneut, in den Oberharz vorzudringen. Am 2. September quartierten sich die Soldaten in Clausthal ein.

Die Bevölkerung Clausthals und der benachbarten Städte hatte unter der Last dieser Einquartierung zu leiden. Lebensmittel und Quartiere mußten gestellt und Futter für die zahlreichen Pferde beschafft werden. Doch blieb es nicht allein bei diesen Forderungen.

General Vaubecourt verlangte die Erlegung einer Kriegssteuer in Höhe von 600 000 Livres Silber, was rund 500 000 Mark Silber (116 900 Kg) entsprach. Diese ungeheure Summe aufzubringen, mußte um so schwerer fallen, als der Oberharzer Bergbau sich um die Mitte des 18. Jahrhunderts vor zunehmende Probleme in bezug auf die Wasserhaltung und die Fördertechnik gestellt

sah, und die Produktion zurückging. Im Jahr 1740 lag die Silberproduktion des Oberharzes bei 11 440 Kg[76]; die geforderte Summe stellte das Zehnfache des Jahresertrages der Oberharzer Bergwerke an Silber dar. Plünderung und Brandschatzung drohten bei Nichterlegung der Steuer.

Die feindlichen Truppen durchsuchten Zehnthaus und Münze nach Geld- und Silbervorräten. Der Münzmeister, wie auch die meisten anderen höheren Beamten, hatte sich vor dem Einmarsch in Sicherheit gebracht. Der anwesende Münzwardein Schacht öffnete die Räumlichkeiten. Der dort gefundene Betrag stellte den Obristen der französischen Armee nicht zufrieden, doch der Münzwardein erklärte, nichts von weiteren Vorräten des Münzmeisters zu wissen. Auch die Durchsuchung des Zehntgebäudes brachte keinen Erfolg, da man die an beiden Orten gelagerten Werte natürlich vor dem Einzug der Truppen versteckt hatte. Die Franzosen setzten daraufhin eine Frist. Es wurden Sammlungen unter den Einwohnern Clausthals und Zellerfelds angestellt, deren Ertrag nicht annähernd die geforderte Summe erbrachte. Die Frist wurde verlängert.

Die Verantwortlichen mußten schließlich doch die versteckten Gelder und Silber preisgeben, um den feindlichen Forderungen Folge zu leisten. Die Silbervorräte der Münze waren vor dem Einmarsch der Truppen in zwei Tonnen verpackt und auf dem Münzhof unter Knochenhaufen versteckt worden.[77]

Insgesamt wurden aus den öffentlichen Kassen und von der Bürgerschaft rund 138 000 Mark Silber aufgebracht. Aus den Vorräten der Münze und des Zehnten kamen rund 122 000 Mark zusammen, so daß etwas mehr als die Hälfte der geforderten Kontribution gezahlt werden konnte, bevor sich die Besatzer auf Druck der braunschweigischen Truppen zurückziehen mußten.[78]

Die Medaille auf den Grafen Vaubecourt

Aber der Befehlshaber der französischen Besatzer begnügte sich nicht mit der Kontribution. Er befahl die Prägung einer Medaille zu seinen Ehren und ließ dieses Ereignis in der Öffentlichkeit als Akt der Dankbarkeit der Stadt Clausthal gegen seine Person darstellen.

Die Medaille war 1,5 Lot schwer (ca. 22 Gramm) und stellte auf einer Seite den General mit einer Waage in der linken Hand dar. In den Waagschalen lagen das schwerere 'Jus Honesti' (Recht der Tugend/Moral) und das 'Jus Belli' (Recht des Krieges). Die Umschrift 'Pondere valet Honestum' (das Übergewicht hat die Tugend/Moral) verdeutlichte die Aussage des Bildes. Die an-

dere Seite zeigte die Stadt Clausthal in Gestalt einer Frau, die mit ihrem Wappenschild unter einem Lorbeerbaum vor aus dem Himmel hervorbrechenden Blitzen Schutz sucht. Im Hintergrund waren Bergwerke und Hütten abgebildet. Die Umschrift lautete: 'Supernas avertit Iras' (er wendet den Zorn von oben ab), darunter: 'Recto Modesto Duci Vaubecourt Civit. Clausthal. 1761'.

Der 'rechtschaffene und bescheidene' General verlangte die Herstellung von 150 dieser Medaillen, zu denen der Eisenschneider Luttmer die Stempel schnitt. Vaubecourt hatte zunächst dem Magistrat in Aussicht gestellt, die Kosten für die Prägung zu tragen, aber die Bergstadt mußte die Rechnung am Ende doch selbst zahlen.[79]

Abb. 17: Die Medaille auf den Grafen Vaubecourt

Das Königreich Westfalen

Die Harzregion kam während der Napoleonischen Kriege zwar mit keinen Kampfhandlungen in Berührung, doch die wirtschaftliche Bedeutung der Oberharzer Bergwerke war zu groß, als daß die Ereignisse spurlos am Harz vorübergehen konnten. In den Jahren 1804/05 und 1806 kam es zu einer Inbesitznahme des Gebietes durch Frankreich. Im Jahre 1807 wurde das Gebiet des ehemaligen Kurfürstentums Hannover der Herrschaft des neugegründeten Königreichs Westfalen unterstellt. Die Regierung des französisch-westfälischen Königs Jérôme Napoleon endete mit der Niederlage Frankreichs im Jahre 1813. Ein Jahr später wurde das Oberharzer Bergrevier wieder der Verwaltung des Königreichs Hannover unterstellt.

In den Jahren von 1804 bis 1811 wurden in der Clausthaler Münzstätte verschiedene französische Medaillen geprägt.[80]

Ähnlich wie bei den Vorfällen während des Siebenjährigen Krieges verlangte der französische Kommissar Héron de Villefosse am 9. Juli 1804, daß bei Ankunft des Marschalls Bernadotte eine Medaille auf Kaiser Napoleon geschlagen werde, die dem Dank über den Schutz des Harzes Ausdruck geben sollte.[81] Der Graveur Krull aus Braunschweig schnitt den Stempel zu dieser Medaille. Die Münze wurde in Anwesenheit Bernadottes in der Clausthaler Münze geprägt. Der Stempel fand aber keinen Beifall, und der Graveur Stach aus Hannover erhielt den Auftrag, einen zweiten Stempel anzufertigen. Die Münze zu Hannover prägte die geforderten Medaillen; die Schrötlinge dazu lieferte die Clausthaler Münze.

Anläßlich eines geplanten Besuches des Königs Jérôme von Westfalen, der dann allerdings abgesagt wurde, prägte die Clausthaler Münze im Jahr 1809 Medaillen in Silber und Gold.

Das Königspaar besuchte Clausthal erst im Jahr 1811. Dieses Ereignis war wiederum Grund zur Herstellung von 30 goldenen und 100 silbernen Münzen. Die Stempel zu dieser Medaille mit dem Kopf des Königs schnitt Bildhauer Ruhl in Kassel für ein Honorar von 50 Talern.

Das Königspaar hatte im Rahmen seines Besuches auch die Clausthaler Münze besichtigt. Daher wurde Ende des Jahres 1811 eine große Münzbesuchsmedaille zur Erinnerung an diese Begebenheit geschlagen. Münzdirektor Fulda aus Kassel bat den Rechnungsdirektor Lunde, die Stempel zu dieser Medaille sorgfältig aufzubewahren, damit sie eventuell ein weiteres Mal benutzt werden könnten. Dazu seien sie, ''wenn sie sauber abgeputzt oder poliert, mit reinem ohngesalztzenen Schweineschmalz'' einzureiben.[82]

Am 30. Mai 1814 lieferte der Friedensschluß einen erfreulichen Anlaß zur Prägung einer Medaille.

Ein Wechsel der Herrschaft hatte immer eine Auswirkung auf den Münzbetrieb, da es kein einheitliches Währungssystem gab. Im Jahr 1806 kam der Oberharz kurz unter preußische Verwaltung. Der preußische Münzfuß wurde eingeführt, und die provisorische preußische Regierung Hannovers beauftragte eine Administrationskommission mit dem Erlaß und der Publikation einer Münzverordnung.
Nach Unterstellung unter westfälische Herrschaft mußten dann entsprechend hessische und königlich-westfälische Münzsorten in Clausthal ausgeprägt werden.[83]
Nach Beendigung der westfälischen Herrschaft kam es im Jahr 1814 wiederum zu der Einführung eines neuen Münzrechnungssystems in Clausthal.

Die Einrichtung einer Münzadministration

In einem Brief vom 6.12.1820 teilte das 'Bergwerks Departement' der 'Königl. großbrit. Hannoverschen Cammer' der Clausthaler Berghauptmannschaft mit, "daß der nach Ableben des Münzdirektors Lunde ohne alle Cautionsleistungen geführte Münz-Betrieb auf diesem Fuß nicht länger fortgesetzt werden kann und halten wir es für gerathen, daß die dortige Münze einstweilen auf herrschaftliche Rechnung administriert werde, um einestheils von dem würklichen Ertrage der Münze, die bislang dem Münzmeister in entreprise gegeben war, Kenntniß zu erhalten, und anderntheils behuf der künftigen vortheilhaften Einrichtung des dortigen Münzbetriebs freye Hände zu behalten." Zu diesem Zweck forderte die Kammer Berichte der Berghauptmannschaft.[84]

Die Berghauptmannschaft beauftragte den Münzwardein Dr. Johann Ludwig Jordan, sich zu diesem Thema zu äußern. Im Januar 1821 legte er eine Abhandlung über verschiedene Möglichkeiten der Münzadministration bzw. -fabrikation vor. Er unterschied zwischen drei unterschiedlichen Formen der Verwaltung einer Münzstätte:

1. Durch reinen Verding in privaten Münzwerkstätten:
   - werde nur in England betrieben;
   - Kontrolle erfolge nur punktuell durch einen "Diener der Regierung";
   - Möglichkeit des Mißbrauchs sei groß.

2. Durch vermengten oder halben Verding:
   - "dürfte jetzt wohl nur noch allein in Clausthal in Anwendung getroffen werden";
   - die Werkstatt werde teils durch "Kapital des Landesherren, theils durch dasjenige des Verdinghabers" betrieben;
   - daher ergebe sich ein Interessenkonflikt zwischen der Landesherrschaft und dem Verdinghaber;
   - es sei keine "sicherstellende Konrolle" möglich;
   - unter Umständen sei es schwer, Verbesserungen einzuführen, da der Verdinghaber in erster Linie seinen eigenen Vorteil vor Augen habe;
   - die Münzarbeiter seien der Willkür des Verdinghabers "anvertrauet", er könne sie zu "gesetzlosen Arbeiten", z.B. zu schlechten Nachschlägen benutzen;
   - Münzstempel könnten bei der mangelnden Kontrollmöglichkeit "verloren gehen, oder entwendet werden, und zum Mißbrauch Veranlassung geben";
   - die Kupfermünzprägung sei ganz dem "Ermessen des Verdinghabers zu überlassen";
   - nur das herrschaftliche Silber komme "zur Probe", das Gold gehe unreguliert zur Prägung;
   - der Verdinghaber könne Gold und Silber mit herrschaftlichen Geldern frei einkaufen; auch hier sei kaum Konrolle möglich.

Die dritte Möglichkeit, die Betreibung einer Münze auf landesherrliche Kosten, wurde von Dr. Jordan empfohlen, da in diesem Fall eine klare Münzverwaltunug und eine gute Kontrolle möglich sei. Durch Sachverständige seien die Kosten abzuschätzen. An Verwaltungspersonal würden zwei Beamte zur "Betreibung und Verwaltung" der Münze nötig sein, ein weiterer zur Anfertigung der Münzstempel. Die Aufgabe des Münzmeisters bestünde darin, die Arbeiter anzuweisen und die Münzstätte einzurichten. Der Münzwardein, "der natürlichste Kontrollör" des Münzverwalters, solle die Münzstempel unter seine Obhut nehmen.

Die Vorschläge Dr. Jordans wurden im wesentlichen angenommen; die Berghauptmannschaft kündigte der Witwe des Münzdirektors Lunde noch im Frühjahr 1821.

Als landesherrlicher Administrator der Münze fungierte zunächst Bergrat Wilhelm August Julius Albert (ab 1825 Oberbergrat). Dafür mußte er eine Kaution in Höhe von 3500 Talern stellen, erhielt keine besondere zusätzliche Vergütung, durfte aber die Wohnung auf der Münze beziehen. Ihm zur Seite standen als Kontrolleur der Münzwardein Dr. Jordan und in der Funktion des Rechnungsführers und Vertreters des Administrators der Silberbrenner Christian Ludwig Kirchner. Kirchner erhielt 50 Taler Besoldung je Quartal und hatte eine Kautionsleistung von 500 Talern zu erbringen.

Berghauptmann von Reden stellte in einem Brief an die Kammer in Hannover vom 10. Februar 1821 seine Bedenken gegen Albert als Administrator dar. Der Berghauptmann fürchtete, Bergrat Albert könne es an Zeit zur Übernahme dieses Geschäftes fehlen, da er mit seinen jetzigen Dienstgeschäften "ganz und gar ausgefüllt" sei und daher entweder das eine oder das andere vernachlässigen müsse. Eine Tätigkeit als Münzverwalter würde außerdem im Widerspruch zu Alberts Aufgabe als "General-Controlleur der Zehnt-Casse" stehen, da er sich in diesem Falle selbst kontrollieren müsse. Reden schlug daher vor, lieber Dr. Jordan zum Administrator der Münze zu ernennen.

In dem Antwortschreiben aus Hannover vom 13. März 1821 wurde aber "die ungewöhnliche Arbeitsfähigkeit des Bergrats Albert" betont, der, vor allem wenn er die Wohnung auf der Münze beziehen solle, die Münzadministration ohne Schwierigkeiten wahrnehmen könne und solle. Die Räte in Hannover waren der Überzeugung, daß Albert die Münzadministration in gewünschter Form führen könne, da "dessen erprobte Brauchbarkeit und Gewandheit in administrativen Dingen uns Bürge ist, (...) welche Überzeugung Wir aber von dem Münz Guardein Jordan, dessen theoretischen Kenntnissen und wissenschaftlicher Bildung Wir übrigens alle Gerechtigkeit wiederfahren lassen, nicht in gleichem Maaße hegen

können, und wenigstens keine Gelegenheit gehabt haben in dieser Hinsicht Erfahrungen über ihn zu machen".

Die 'General-Controlle' der Zehntkasse solle Albert an den Zehntner Ostmann abgeben.

Abb. 18: Bergrat Wilhelm August Julius Albert

Ein weiteres, für Bergrat Albert sprechendes Argument aus Hannover ist noch in anderer Hinsicht interessant, da es die zukünftige Entwicklung andeutet. Hier wird eine Diskussion um die mögliche Schließung der Clausthaler Münze angesprochen: Es sei "auch nicht die Absicht, die provisorische Münz Administration auf lange Jahre bestehen zu lassen, vielmehr die zur Erörterung

41

gebrachte Frage: ob die dortigen Brandsilber in der Folge unvermünzt verkauft werden sollen, wovon die Fortdauer der dortigen Münze abhängig seyn dürfte, doch zu einer baldigen Entscheidung gebracht werden muß..."[85]

Da Bergrat Albert in seiner Funktion als Administrator die Wohnung auf der Münze bezogen hatte, wurde die Clausthaler Münze zum Ort eines für den Bergbau sehr wichtigen Ereignisses. Der Überlieferung nach stellte er nämlich die entscheidenden Versuche zur Entwicklung des Drahtseils im Jahr 1834 in den Räumen seiner Wohnung (am Tisch in seinem Arbeitszimmer) an.

Besuch der Münze durch Fremde

"Nach Tische machte ich mich auf den Weg, die Gruben, die Silberhütten und die Münze zu besuchen.
In den Silberhütten habe ich, wie oft im Leben, den Silberblick verfehlt. In der Münze traf ich es schon besser und konnte zusehen, wie das Geld gemacht wird. Freilich, weiter hab' ich es auch nie bringen können. Ich hatte bei solcher Gelegenheit immer das Zusehen, und ich glaube, wenn mal die Taler vom Himmel herunter regneten, so bekäme ich davon nur Löcher in den Kopf, während die Kinder Israel die silberne Manna mit lustigem Mute einsammeln würden. Mit einem Gefühle, worin gar komisch Ehrfurcht und Rührung gemischt waren, betrachtete ich die neugeborenen, blanken Taler, nahm einen, der eben vom Prägstocke kam, in die Hand, und sprach zu ihm: Junger Taler! Welche Schicksale erwarten dich! Wieviel Gutes und Böses wirst du stiften! Wie wirst du das Laster beschützen und die Tugend flicken! Wie wirst du geliebt und dann wieder verwünscht werden! Wie wirst du schwelgen, kuppeln, lügen und morden helfen! Wie wirst du rastlos umherirren, durch reine und schmutzige Hände, jahrhundertelang, bis du endlich schuldbeladen und sündenmüd versammelt

wirst zu den Deinigen im Schoße Abrahams, der dich einschmelzt und läutert und umbildet zu einem neuen besseren Sein, vielleicht gar zu einem unschuldigen Teelöffelchen, womit einst mein eigenes Ur-Urenkelchen sein liebes Breisüppchen zurechtmatscht."

Diese Betrachtungen über den Werdegang eines Talers, den er anläßlich eines Besuches in der Clausthaler Münze verfolgen konnte, stellt Heinrich Heine in seiner im Jahre 1826 erschienenen Harzreise an. Heine hatte im September und Oktober 1824 eine Fußreise von seinem Studienort Göttingen über Northeim, Osterode, Clausthal und Goslar bis zum Brocken unternommen.

Die Clausthaler Münze war häufig ein Gegenstand des Interesses, wie es ihre Erwähnung in der zahlreichen (Harz-)Reiseliteratur des 18. Jahrhunderts belegt. Nicht nur die Landesherren, wie etwa König Georg II. im Jahr 1729 oder König Jerôme von Westfalen im Jahr 1811, interessierten sich für den Münzbetrieb. Schriftsteller, Techniker und Schaulustige wollten gern einen Blick hinter die Fassade des Münzgebäudes werfen.
Der Harz mit seinen Berg- und Hüttenwerken zog seit jeher Fremde an. Diesem schon früh entwickelten 'Fremdenverkehr' verdankt das Hotel 'Goldene Krone' seine Existenz.[86] Eine Grubenbefahrung, eine Besichtigung der Hütten und der Münzstätte waren gesuchte Attraktionen.

Es gab allerdings sehr unterschiedliche Meinungen, inwieweit der Besuch durch Fremde wünschenswert sei. Ein Nebenverdienst durch Fremdenführungen war den meisten Einwohnern der Bergstädte willkommen. Die Bergverwaltung aber verbot 'unangemeldete' Führungen. Im Jahr 1688 wurde ein Bergmann, der ohne Erlaubnis mit Fremden eine Grube befahren hatte, mit Gefängnis bestraft.[87] Die der Clausthaler Bergverwaltung vorgesetzte königliche Kammer in Hannover sah es erst recht ungern, wenn

Abb. 19: Die Münze in Clausthal, Ansichtstasse von
C. Schierholz um 1840, Historisches Museum am Hohen Ufer, Hannover

Fremden Gelegenheit gegeben würde, "auch von der Einrichtung des Haushaltes Kenntnis" zu erhalten.[88] So fehlte es nicht an Versuchen, den Besucherstrom zu kanalisieren, das zu Besichtigende einzuschränken und Regelungen für die Entlohnung der Fremdenführer zu treffen.

Eine Verfügung des Berghauptmanns von Meding vom 8. Januar 1799 ordnete z.B. an, daß wegen "gewisser Ursachen" bis auf weiteres keine Fremden auf die Münze geführt werden sollen, es sei denn, sie hätten sich durch eine "ausdrückliche berghauptmannschaftl. Erlaubnis dazu legitimiert".

Auch im Jahr 1809 belegt ein Briefwechsel zwischen dem Berghauptmann und dem Zehntner und Administrator der Münze, Lunde, daß Besucher der Münze nicht immer willkommen waren. Es war von Meding zu Ohren gekommen, daß Besuchergruppen ohne Erlaubnis der Berghauptmannschaft oder des Münzdirektors durch die Münze geführt worden waren. Er erneuerte die Ermahnung, dies nicht zuzulassen, da "ein bis zum Taumeln betrunkener Mensch einen Erlaubnißschein zu Besehung der Münze für 32 Personen angeblich vom Tribunale zu Goslar" begehrt habe, und der Berghauptmann diesen Erlaubnisschein nicht hatte ausstellen wollen.[89] Er befürchtete wohl, der Mann werde es auch ohne Erlaubnisschein versuchen, die Münze zu besichtigen.

43

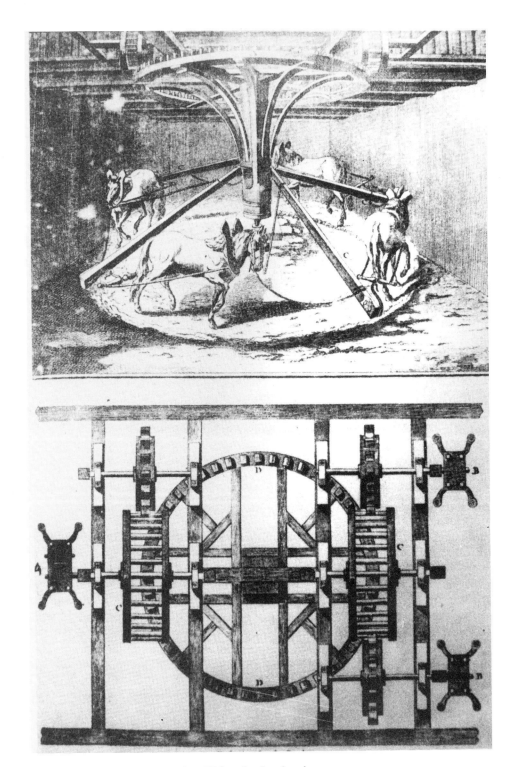

Abb. 20: Pferdegaipel zum Antrieb eines Walz- oder Streckwerkes

Die Pferdehaltung behuf des Gaipeltreibens

Der Antrieb der Walzwerke der Clausthaler Münze erfolgte, wie bereits erwähnt, durch Pferdekraft. Die Einrichtung zur Kraftübertragung war der eines Pferdegaipels, der bei den Bergwerken seit der zweiten Hälfte des 16. Jahrhunderts gebräuchlich war, ähnlich. Pferdekraft wurde bis in das 19. Jahrhundert hinein zur Förderung genutzt, wenn ein Antrieb mit Wasserkraft nicht möglich war.

Im Keller der Münze befand sich der Raum, in dem die Pferde angeschirrt wurden und das 'Treiben' verrichteten. Die Walz- oder Streckwerke befanden sich im ersten Obergeschoß.[90]

Mit der Übernahme der Verwaltung der Münze durch eine neue Münzadministration im Jahr 1821 wurde auch die "Pferdehaltung behuf des Gaipeltreibens beim Münzbetrieb" neu diskutiert.[91]
Bergrat Albert stellte verschiedene Modelle der Pferdehaltung mit ihren Vor- und Nachteilen vor. Ihm erschien die beste Möglichkeit die Bereitstellung einer ausreichenden Futter- und Strohmenge durch die Landesherrschaft und eine Anschaffung, Nutzung und Pflege der Pferde durch den Münzadministrator zu sein. Da diese Umstände aber sein Privatinteressse mitbetrafen, forderte er seine Mitarbeiter Jordan und Kirchner zu unabhängigen Stellungnahmen auf. Dr. Jordan empfahl die "Haltung der Pferde in Verding bey einem hiesigen Fuhrmann" als preisgünstigste Lösung. Die Streckwerke würden nur an höchstens vier Tagen in der Woche genutzt werden. Zwei Pferde müßten an zwei bis vier Tagen in der Woche in Schichten von morgens 6.00 Uhr bis 11.00 Uhr und nachmittags von 12.00 Uhr bis 16.00 Uhr im Einsatz sein. An den übrigen Tagen sei nur ein Pferd für die Arbeiten erforderlich. Es müßten nicht alle vier Walzwerke gleichzeitig laufen.

Ein Fuhrunternehmer, der über mehr als zwei Pferde verfüge, sei außerdem in der Lage, "Zufälle, welche sich an Pferden zu ereignen im Stande sind" [Krankheit oder Verletzung eines Pferdes] aufzufangen.
Im weiteren Verlauf seiner Stellungnahme widersprach Dr. Jordan der Äußerung Alberts, daß die Münzarbeiter auch in vorigen Zeiten bei der Pferdeversorgung mitgeholfen hätten. Dieser Punkt sollte noch Anlaß zu einer Auseinandersetzung werden.

Befürwortet wurde Alberts Vorschlag von Kirchner, dem dritten Mitglied des Administrationskollegiums. Er führte u.a. an, daß der Gaipelbetrieb mit fremden Pferden mit einigen "Unvollkommenheiten" verbunden sei, wie er im Falle eines verletzten Pferdes vor kurzem selbst habe erfahren können.

Die "Königliche Großbritannische Hannoversche verordnete Berghauptmannschaft" stimmte letztendlich Alberts Vorschlag unter der Voraussetzung zu, daß er die zwei Pferde bis zum Amtsantritt der neuen Administration beschafft habe. Wenig wünschenswert sei allerdings die Tatsache, daß "der Münzschmied sich während der Arbeit mit um die Pferde bekümmern solle". Die Zeit für das Pferdetreiben ginge für die Arbeit in der Münzwerkstatt verloren, was zu Betriebsstörungen führen könne. Eine Stellungnahme Alberts wurde gefordert.
Bergrat Albert nahm in der Zwischenzeit sein Angebot, die Pferdehaltung zu übernehmen, zurück, da der Gastwirt Degering ein günstigeres Angebot unterbreitet hatte. Außerdem zeigte sich Albert verstimmt über die Bemerkungen Jordans und die Reaktion der Berghauptmannschaft darauf.[92]

Am 2. April 1821 wurde die Münze offiziell an die neue Administration übergeben. Anläßlich dieses Aktes sollten sich die Münzarbeiter über Art und Umfang ihrer Nebentätigkeiten im Münzbetrieb, besonders im Hinblick auf die Pferdehaltung, äußern.

Diese bestätigten, daß sie nicht selten die Pferde während der Arbeit mit betreuten, d.h. die Pferde ein- und ausspannten, vom Stall zum Gaipel hin- und zurückführten usw. Sie seien eingesprungen, wenn der Kutscher des ehemaligen Münzdirektors durch häusliche Verrichtungen nicht zugegen sein konnte und hätten diese Nebentätigkeit ohne großen Zeitaufwand und Nachteil für den eigentlichen Münzbetrieb verrichtet. Der Münzwächter oder die Schmelzarbeiter seien nicht kontinuierlich mit ihren Aufgaben beschäftigt und würden daher des Öfteren die Tätigkeit des jeweils anderen übernehmen. Eine weitere Aufsicht über die Gaipelpferde in Abwesenheit des Kutschers habe sich außerdem erübrigt, "da dieselben so sehr an die Treibung gewöhnt gewesen seyen, daß diese von ihrer einwohnenden Klugheit ohne Unterbrechung geleistet worden sei". Bei einem neuen Gespann könne davon allerdings nicht ausgegangen werden.

Bergrat Albert bestand auf der Protokollierung der Aussagen der Münzarbeiter.[93]

Mit dem Gastwirt Degering schloß die Administration einen Vertrag ab. Dieser sollte für die Bereitstellung der Pferde und das Gaipeltreiben 4 Taler wöchentlich erhalten; für nichtgeleistete Stunden hatte er eine Konventionalstrafe zu zahlen. Über die Betriebszeiten der Walzwerke sollte er wöchentlich einen genauen Zeitplan erhalten. In der Zeit, wo die Pferde nicht im Gaipeleinsatz waren, war es dem Gastwirt erlaubt, Feuerholz für die Münze und die Bürgerschaft zu fahren. Der 'Contract' vom 5. April 1821 war zunächst auf ein Quartal befristet. Später ergänzte die Administration noch weitere Klauseln, die z.B. den Pferdehalter für den Fall eines durch die Pferde oder einen ungeübten Fuhrknecht verursachten Maschinenschadens haftbar machten.

Der Administrator der Münze war mit der im Laufe des Quartals geleisteten Arbeit des Gastwirtes Degering nicht zufrieden. Der Vertrag wurde nicht verlängert, sondern das Gaipeltreiben und die Fuhren für die Münze wurden öffentlich nach genau festgelegten Bedingungen ausgeschrieben. Der Fuhrherr Karl Moritz machte von seinen acht weiteren Mitbewerbern das günstigste Angebot und erhielt den Zuschlag. Er besorgte das Gaipeltreiben bis Mitte des Jahres 1822.[94]

Es folgte eine Neuausschreibung. Diesmal erhielt der Kohlenfuhrmann Christian Klapproth den Zuschlag. Klapproth handelte zusätzlich eine Haferzulage heraus, die in den folgenden Jahren aufgrund gestiegener Haferpreise erhöht wurde. Im Jahr 1842 bewilligte das Bergamt eine weitere einmalige Haferzulage und eine Erhöhung des Schichtlohns, da nun mit Kupfer beschicktes, '12-löthiges' Silber gewalzt werden müsse. Die Kraftanstrengung für die Pferde sei wesentlich höher, und es seien nun entweder drei Pferde pro Schicht oder kräftigere Pferde nötig.[95]

Eine Eingabe Klapproths vom Ende des Jahres 1843 gibt Aufschluß über den Bodenbelag des Gaipels. Klapproth merkte an, daß durch den veränderten Bodenbelag, der früher aus Holz und seit dem Jahr 1843 aus "Steinen und Schlacken" bestünde, die Kosten für den Hufbeschlag der Pferde sehr gestiegen seien. Außerdem stelle der neue Boden eine weitere Belastung für die Kräfte der Pferde dar.[96]

Der Kohlenfuhrmann Klapproth versah das Gaipeltreiben bis zur Schließung der Clausthaler Münzstätte im Jahr 1849.

Die Münzarbeiter

Ursprünglich war das Münzerhandwerk ein Lehrberuf. Nach einer siebenjährigen Lehrzeit hießen die der Münzerzunft angehörenden Münzergesellen Münzohme. In der benachbarten Zellerfelder Münzstätte arbeiteten bis zu ihrer Auflösung im Jahre 1789 zum größten Teil Münzohme und Münzjungen unter der Leitung des Münzmeisters. Die Zellerfelder Münzer prägten überwiegend Münzen mit der alten Technik der Hammermünze. Dagegen bediente man sich in Clausthal schon seit 1674 eines modernen Druckwerks zur Münzherstellung. Durch die neue Technik waren keine 'Hand'-werker zum Prägen der Münzen nötig. Außerdem lehnten die Ohme die maschinelle Münzprägung ab.[97] Angelernte Kräfte konnten die anfallenden Arbeiten verrichten. Ab der zweiten Betriebsperiode der Clausthaler Münze waren die Beschäftigten keine Angehörigen der Münzerzunft; sie hießen nicht Ohme, sondern Münzschmiede oder Münzarbeiter.

Der Münzmeister oder Münzdirektor leitete den Betrieb. Er war sowohl technischer Leiter, als auch Verwaltungschef der Münze. Sein Verdienst betrug im Jahre 1643 50 Taler pro Quartal, im Jahre 1810 lag er bei 87 Talern.[98]

Der Münzwardein konnte entweder ein Verwaltungsbeamter mit einer Zusatzausbildung sein oder, wie z.B. Dr. Jordan, eine naturwissenschaftliche Ausbildung besitzen. Sein Aufgabengebiet bestand in der Probe und Kontrolle des Metalls und des durch die Münzordnungen vorgeschriebenen Edelmetallgehaltes der Münzen. Für diese Tätigkeit erhielt er im Jahre 1643 25 Taler pro Quartal und im Jahre 1810 39 Taler.

Erst um die Wende vom 18. zum 19. Jahrhundert wurde es üblich, ein mehrköpfiges

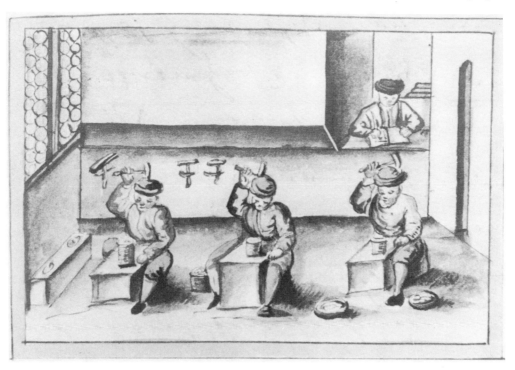

Abb. 21: Münzohme bei der Arbeit, Darstellung aus dem Schwazer Bergbuch, 1556

Abb. 22: Kleines Druck- oder Stoßwerk zur maschinellen Münzprägung, Städtisches Museum Stolberg, Foto: B. Hallmann

Kollegium mit der Leitung der Münze zu beauftragen. Das dritte Mitglied der ab 1821 eingerichteten Administration erhielt ein Gehalt von 50 Talern pro Quartal.[99]

Außer diesen 'Münzbeamten' waren noch zahlreiche weitere Arbeitskräfte tätig. In einer Beschreibung der Clausthaler Münze aus den 90er Jahren des 18. Jahrhunderts wird ihre Zahl auf etwa 20 Mann beziffert.[100]

Der Eisenschneider schnitt die Stempel für die Münzprägung. Nach der Gravur verfertigte er Probeabdrücke in Gips und Blei. Entsprach die Gestaltung den Vorstellungen der Leitung der Münze, wurden die Stempel gehärtet. Der Beruf des Eisenschneiders, zu dem die "Zeichenkunst" das "haubtFundament" bildete[101], erforderte große Kunstfertigkeit und handwerkliches Geschick. Fest angestellte Eisenschneider verdienten in den meisten Fällen mehr als die Münzwardeine, der Lohn schwankte jedoch je nach Dienstalter etc. Im Jahre 1643 betrug der Lohn 25 Taler pro Quartal, im Jahre 1739 100 Taler und im Jahre 1810 50 Taler. Eisenschneider konnten jedoch auch Stücklohn erhalten. In der Regel war ein Eisenschneider mit einem Gehilfen auf der Münze beschäftigt, der Eisenschneider konnte aber auch außerhalb Clausthals wohnen.

Der Schmelzer war im Brennhaus für das Schmelzen und Glühen der Metalle, für das Gießen der Zaine und für das Weißsieden und Scheuern der Münzrohlinge zuständig. Ihm stand mindestens ein Junge oder Gehilfe zur Seite. Der Schmelzer selbst erhielt einen Wochenlohn von 2 Talern im Jahre 1672 (ergibt 26 Taler/Quartal), der Gehilfe einen Wochenlohn von 1 Taler (ergibt 13 Taler/Quartal).[102] Für Arbeiten in den Nachtstunden erhielt der Schmelzer eine zusätzliche Vergütung. Bei Überlegungen zu einem neuen Lohnreglement für die Münzarbeiter im Jahre 1821 betonte die Münzadministration, daß der Hauptschmelzer wegen der Wichtigkeit und Beschwerlichkeit seiner Arbeit weiterhin einen regelmäßigen Lohnzuschlag erhalten sollte. Dagegen sollten die übrigen Münzarbeiter feste Wochenlöhne und keine besonderen Vergütungen für bestimmte Arbeiten mehr bekommen.

Eine weitere Gruppe der Münzarbeiter bildeten die Münzschmiede. Ihre Arbeitszeit begann um 4.00 Uhr morgens und endete um 16.00 Uhr. Ihre Aufgabe bestand in der Herstellung der Münzrohlinge und dem Prägen der Münzen. Sie waren aber auch bei den vorausgehenden Produktionsschritten (Schmelzen, Glühen) beteiligt. Im Jahre 1672 waren vier Münzschmiede auf der Clausthaler Münze beschäftigt, in den Jahren 1753 und 1821 waren es sechs. Der Schmiede- oder Werkmeister verdiente im Jahre 1672 2 Taler in der Woche, die Schmiedegesellen 1,5 Taler in der Woche,[103] und im Jahre 1821 verdiente der Schmiedemeister etwas über 4 Taler, die Gesellen je nach Dienstalter und Tätigkeitsfeld 3 bis 4 Taler[104]. Bei Nachtstunden gab es eine zusätzliche Vergütung, die bei Arbeiten 'vor dem Feuer', also an den Öfen, etwas höher ausfiel.

Je nach Arbeitsanfall waren weitere Arbeitskräfte als Tagelöhner auf der Münze beschäftigt.

Einen umfassenden Aufgabenbereich hatte der Münzwächter. Er bewachte zum einen die Münze und achtete auf richtig verschlossene Tore und Pforten. Dieser Teil seiner Tätigkeit fiel hauptsächlich in den Nachtdienst, der um 22.30 Uhr, im Winterhalbjahr um 22.00 Uhr begann und um 3.00 Uhr in der Frühe endete.

Zum anderen hatte der Münzwächter während seiner Tagschicht weitere anfallende Arbeiten auf der Münze nach Anweisung des Münzmeisters zu verrichten. Es war z.B. ihm übertragen, den Glühofen anzufeuern und die Kohlen- und Holzfuhren zu kontrollieren und eventuell nachzumessen bzw. nachzumaltern (Holz). Das Holz mußte dann in ordentliche Stöße gebracht und die Kohlen mußten in den Kohlenschuppen getragen werden. Dabei konnten ihm Tagelöhner zur Hand gehen, denen er die Arbeit zuwies. Im Jahre 1821 erhielt er einen Lohn von 3 Talern in der Woche.[105]

Die Arbeiter der Münze hatten einen Anspruch auf 'Gnadenlohn' bei Arbeitsunfähigkeit durch Krankheit oder Alter. Im Jahre 1840 bat der Münzschmied Johann Julius Hille um seine Pensionierung. Er richtete sein Schreiben vom 14. Mai an den Administrator der Münze:
"Ich bin ietzt in 75ten Jahre und habe in dieser Reihe von Jahren, seit dem 10ten April 1840 meiner gnädigen Herrschaft 60 Jahre gedienet, als 4 Jahr in Puchwerck, 51/2 Jahr in der Zellerfelder Münze und 50 1/2 Jahr in der Clausthaler Münze, welche so gerne treue Dienste belohnen.
(...)...ich habe 56 Jahr der Münze gedienet, und habe 4 Jahr im Puchwerck gearbeitet, daß sind 60 Jahre, und habe meine Jugendkräfte schon gewidmet meiner gnädigen Herrschaft, und bin dabey alt schwach und grau geworden.
Ich diente gerne länger noch, aber seit dem letzten Schaden, den ich in meinem Beruf erhielt, haben mir in den 8 Wochen einen großen Theil meiner Kräfte entzogen, wel-

Tägliches Gebet
Eines Müntz-Guardeins
Gal. VI, 4.

Ein jeglicher prüfe sein selbst Werck/
und als denn wird er an ihm selbst Ruhm
haben/und nicht an einen andern.

GOtt!
Der du der Gerechten Seelen
prüfest/wie Gold in Ofen/ und sie
annimst/ wie ein völliges Opffer/
Du reinigest sie/daß sie helle scheinen/
und daher fahren/wie Flammen;
Erforsche mich auch / mein GOtt/
und erfahre mein Hertz/ prüfe
mich/und erfahre/wie ichs meine/
Siehe/ob ich auf bösen Wegen bin/
und leite mich auf guten Wegen;

Tt 4   Deine

Deine Weißheit ist zwar ein harter
Prüfestein uns ungebrochenen
Menschen/
Du aber/ gütiger Vater/ hast dennoch Gedult mit uns;
Und weil ich auch auß verderblichen
Saamen gezeuget / und du alle
meine sündliche Gedancken und
Wercke von ferne gesehen/
So fälle kein Zorn-Urtheil über
mich in deinem Grimm / sondern
erbarme dich meiner nach deiner
unergründlichen Hulde!
Laß mich aber ins künftige prüfen/
was dir wolgefällig sey/ und nicht
Gemeinschaft haben mit den un-
fruchtbahren Wercken der Fin-
sterniß/
Laß mich wol acht haben auf mein
eigen Werck/ und nicht seyn/wie
die Heuchler/ die die Gestalt des
Himmels und der Erden prüfen
können/

Aber nicht ihr Hertz/ und die böse
Zeit/und nicht sehen wollen/wo es
ihm fehle.
Gieb / daß ich untadelhaft wandele
in meinem Ampte/
Mein Gewissen durch Geitz nicht
beflecke/
Meinen Eyd und Pflicht durch Un-
treu nicht breche/   Noch

Noch sonsten etwas thue / das dir
und deinem heiligen Nahmen zu
wider sey;
Laß mich stets fürchten deinen Nah-
men/ HErr Zebaoth/ der du Her-
tzen und Nieren prüfest/
Laß mich niemahls zu leicht erfunden werden / wenn du mich auf
deiner Wage wiegen woltest/
Sondern laß mich nach dem Schrot
eines äuserlichen unsträflichen
Wandels/und nach dem Korn ei-
nergereinigte Seele allezeit richtig
und tüchtig angetroffen werden/
Und also lauter und unanstössig
bleiben biß auf den Tag JEsu
Christi/ da du alle Menschen auf
der Capelle des Göttlichen Ge-
setzes und Gerichtes wirst probiren und abgehen lassen/
So dann laß auch meine Seele
seyn/wie feines Gold/ und hilf mir
auß zu deinem himlischen Reiche/
Amen.

* *
*

HErre! der du Hertz und Nieren
Prüf'st/wie Silber oder Gold/
Gieb/daß ich mich mag auffführen/
Daß du mir seyst ewig hold/
Laß mich allen Sünden-Schaum/
Niemahls geben einen Raum/Amen.

Tt 5   Täg-

Abb. 23: Gebet des Münzwardeins, aus: Johann Gottfried Rhesen, Der in Gott andächtige Bergmann, 1705

Tägliches Gebet
Eines Eisen-Schneiders.

Exod. XXXI, 3. 4.

Siehe/ ich habe ihn erfüllet mit dem Geiste Gottes/ mit Weißheit und Verstand/ künstlich zu arbeiten am Gold/ Silber/ Ertz/künstlich Stein zu schneiden/ und zu machen allerley Werck.

HErr/ du alleinweiser und allmächtiger GOtt!

Durch welches Gnade und Weißheit die Menschen allerhand schöne Künste und Wissenschaften ersunnen haben/

Du hast mich auch außgerüstet mit Klugheit und Verstand/ wie ehemahls Bezaleel und Ahaliab/ die an deiner Stifts-Hütte arbeiteten/

Ich preise und rühme dich dafür hertzlich/ und seufze von Grund der Seelen zu dir/

Du wollest mir mit deinem guten Geiste beystehen/ daß ich die empfangene Gabe zu deinen/ und des Neben-Menschen Nutzen anwende/

Und derselben mich fleissig und eifrig nach deinem Willen und Wollgefallen allezeit gebrauche.

Et 7   Leite

Leite mich stets/ gütiger Vater/ zu Christlicher und eifriger Liebe gegen solche Schriften und Bildnisse/ die deinem Worte nicht zu wider seyn/

Regiere alle mein Thun und Fürnehmen/ daß ich damit nicht eigene.Ehre/ und einen berühmten Nahmen/ Reichthum und grossen Gewin auf Erden suche/

Noch wissentlich oder vorsetzlich der Welt zu ihrer Pracht/ Eitelkeit oder Aergerniß diene/

Sondern fürnemlich auf des Allerhöchsten Preiß/ meiner Oberen Nutzen/ und meines Nechsten Wolfahrt und Erbauung sehe.

Heilige und segne meinen Fleiß und Arbeit/ damit alles/ was ich mache/ mir wol gerahte/

Stärcke auch die Kräfte der Augen und des Verstandes/

Damit ich alle Bildnissen und Schriften wol/ kentlich und bedachtsahm außfertige/

Und an dem/ was dabey erfordert wird/nichts versäume.

Gieb/ daß ich zuforderst die Bildnisse der vier letzten Dinge des Todes/ des Jüngsten Gerichtes/der ewigen Freude und höllischen Pein

Pein mit eisernen Griffeln auf die Taffel meines Hertzens grabe/

Damit ich dadurch von bösen ab- und zum guten angehalten werde/

Und bey meinen werthesten Erlöser Christo dort ewig seyn/ und ihn selbst von Angesicht zu Angesicht schauen möge/

Das verleihe mir/ mein GOtt/ um deiner Göttlichen Hulde/ und unendlichen Liebe willen/Amen.

* *
*

GRabe/GOtt/ mit deinem Finger
Dein Gesetz in meine Seel/
Mache mich zu deinem Jünger
Hier in dieser Erden Höhl/
Endlich aber nach dem Sterben
Mache mich zum Himmels-Erben. Amen.

Abb. 24: Gebet des Eisenschneiders, aus: Johann Gottfried Rhesen, Der in Gott andächtige Bergmann, 1705

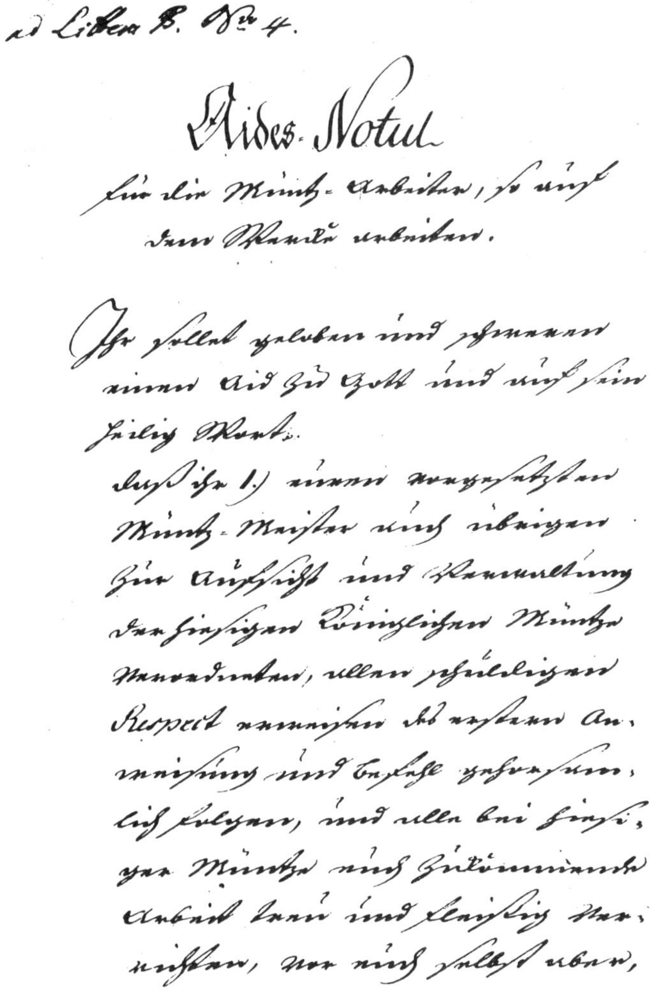

Abb. 25: Eidesformel für Münzarbeiter, die "auf dem Werke"
arbeiten, Archiv des Oberbergamtes Clausthal

che mir die Alters Schwäche nicht wieder geben will.

Auch bei der jetzigen verfertigung der legir-
ten courr. Thlr. ist die Arbeit vor mir zu
schwehr, welche die jüngeren nicht thun
können, und sich beklagen.

Es gelanget demnach an Ew. Hochwohlge-
bohren meine ergebenste Bitte, da ich nun
alt und schwach werde, mich mit der Beloh-
nung erfreuen mögen, mit meinen iezigen
halben Lohne mich in Pension zu setzen,...(...)"[106]

Nach einem von Oberbergrat Albert ausge-
arbeiteten neuen Gnadenlohnreglement erhielt Hille sogar mehr als die Hälfte seines
alten Lohnes, der 3 Taler 12 Groschen betrug. Er hatte Anspruch auf einen Taler aus
der Knappschafts- und auf einen Taler aus
der Münzkasse wöchentlich. Bei dieser relativ hohen Pension hielt die Münzadministration, die sein Gesuch unterstützte, es
nicht für erforderlich, ihm ein zusätzliches
Einkommen durch einige Stunden Nachtar-
beit zu vermitteln. An seiner Stelle wurde der
Gehilfe Friedrich Emmel als Schmied fest
angestellt und erhielt einen Lohn von zunächst drei Talern/Woche.[107]

Lohn und Korn

Die angegebenen Lohnhöhen geben keinen Aufschluß darüber, was sich der einzelne Münzarbeiter oder -beamte für sein Geld kaufen konnte. Ein Anstieg des Lohns (Nominallohn) mußte nicht zwangsläufig eine Besserstellung der Arbeiter mit sich bringen, da die Kaufkraft des Lohns, der Reallohn, entscheidend ist. Für die Zeitspanne vom 16. Jahrhundert bis zum Ende des 19. Jahrhunderts wird in Mitteleuropa von einem allgemeinen Sinken der Reallöhne ausgegangen. Diese Tendenz läßt sich auch für den Harz feststellen.[108] Kostete ein Pfund guter Tonnen-Käse im Jahre 1714 noch 14 Pfennige, so mußte im Jahre 1784 das Doppelte dafür ausgegeben werden. Der Preisanstieg bei Fleisch führte zu einem vermehrten Verzehr von kalorienreicheren Nahrungsmitteln pro Preiseinheit wie Getreide und Kartoffeln.[109]

Der Lohn der Münzschmiedegesellen entsprach ungefähr dem Gesamtverdienst eines Bergmanns (Vollhauer). Da die Löhne der Münzschmiede bis zum Beginn des 19. Jahrhunderts vom Münzmeister ausgezahlt wurden, ist hierüber weniger Zahlenmaterial überliefert. Zum Vergleich kann die Lohnentwicklung der Bergleute herangezogen werden:

Verdienst eines Bergmanns (Vollhauer)

Jahr	Rthlr.	Gr.	in %
1717	1	10	100
1734	1	12	106
1782	1	13	107
1800	1	16	115
1826	2	--	156
1846	2	14	202
1855	3	1	238[110]

Die Preise stiegen im gleichen Zeitraum wesentlich stärker an als die Löhne:

Preisentwicklung

Jahr	Roggen	Weizen	Erbsen	Rind-fleisch	Schweine-fleisch	Wurst
	in %	in %	in %	in %	in %	in %
1714	-	-	-	100	100	100
1749	118	80	-	111	111	100
1784	-	-	100	111	121	150
1795	183	128	200	111	121	-
1829	170	200	175	200	222	375
1847	363	345	350	222	200	400
1856	380	254	375	289	400	525[111]

Der Münzbetrieb von 1835-1849

Der letzte Zeitraum des Betriebes der Clausthaler Münze war von weitreichenden Veränderungen bestimmt und endete schließlich mit der Auflösung der Münze, bzw. ihrer Vereinigung mit der Münze in Hannover.

Beschickte Taler

Im August des Jahres 1835 wurde der ehemalige Hüttenreuter Beermann zum Administrator der Clausthaler Münze ernannt.[112] Am Ende des Jahres 1839 ordnete das Finanzministerium in Hannover an, daß zukünftig nur noch 12-lötige, beschickte Taler in Clausthal ausgeprägt werden sollten.[113] Diese Anordnung stieß auf wenig Gegenliebe in Clausthal, da das legierte Münzmetall wesentlich härter und daher weitaus schwieriger zu verarbeiten war. Eine Stellungnahme der Clausthaler Münzadministration zu den Veränderungen, die aufgrund der Anordnung auf der Münze vorgenommen werden müßten, enthielt eine umfangreiche Liste:

- das Schmelzen der beschickten Silber erfordere einen weiteren Ofen;

- ob die Walzwerke "die Kraftausübung, welche beschickte Silber erfordern, tragen können, ist sehr zweifelhaft";

- die teuren Walzen würden sich bedeutend schneller abnutzen;

- der Glühofen müsse verändert werden,

- ebenso die Schneidemaschinen, die Adjustierbank und die "Siedeanstalt";

- die Prägemaschinen würden die größere Kraftausübung nicht aushalten;

- vermehrtes Personal wäre erforderlich;

- dazu käme ein Mehrverbrauch an Tiegeln, Kohlen und Röstholz.

Die Kosten für die Umstellung "getrauen wir uns nicht zu bestimmen", Baubediente sollten daher die Kosten und den Zeitaufwand veranschlagen. Die Münzkosten würden sich in jedem Fall bedeutend erhöhen.[114]

In den nächsten zwei Jahren erfolgten zahlreiche technische Änderungen und Umbauten. Während der Zeit der Umstellung des Betriebes wurden die Unterharzer Silber und der Teil, der von den Oberharzer Silbern nicht vermünzt werden konnte, in der Münze zu Hannover verarbeitet.

Am 24. November 1840 berichtete die Münzadministration über den Stand der Dinge in der Clausthaler Münze. Bis zum November 1840 seien 360 000 beschickte Taler geprägt worden. Dazu habe ein zweiter Ofen angelegt werden müssen. Statt offener Gießformen fänden nun gußeiserne Gießflaschen Verwendung. Die Schneidemaschine sei umgebaut worden, die Arbeit daran erfordere aber jetzt eine weitaus größere Kraftanstrengung der Arbeiter. Auch der Glühofen sei den Erfordernissen entsprechend verändert. Die mit Pferdekraft über hölzerne Kammräder angetriebenen, 100 Jahre alten Walzwerke seien der erhöhten Beanspruchung nicht gewachsen, und so "kann der Zeitpunkt nicht fern sein, wo die ganze Maschine zusammenbricht, dieselbe Bewandtnis hat

es mit unserer Prägemaschine". Alle übrigen Arbeiten seien auch bedeutend erschwert und die Münzkosten dementsprechend wesentlich höher ausgefallen. Die Münzadministration bat daher, wieder feine Taler, d.h. Taler aus reinem Silber, ausprägen zu dürfen.

Dieses Gesuch wiederholten die Beamten im Juni 1841, doch das Finanzministerium erteilte im August 1841 eine abschlägige Antwort.[115]

Im Jahre 1841 stellte die Münzadministration Überlegungen an, wie das Druckwerk der Clausthaler Münze verbessert werden könne. Die Gänge der Spindel sollten nicht mehr möglichst flach, sondern in einer "stärker abfallenden Richtung" geschnitten werden. Dadurch sollte die Vertikalgeschwindigkeit erhöht und der Druck vergrößert werden, mit dem der Prägestempel auf den Münzrohling traf.

Im Februar 1843 waren die Arbeiten abgeschlossen, und der Münzadministrator Beermann teilte der Berghauptmannschaft mit, daß die Clausthaler Münze nun wieder in der Lage sei, auch die Unterharzer Silber zu verarbeiten.

Kritik aus Hannover

Im Jahre 1845 verlangte das Finanzministerium in Hannover die Angleichung des Münzrechnungswesens an die in Hannover übliche Methode. Im selben Schreiben wurde Kritik an dem höheren Schmelzabgang in Clausthal geübt.[116]
Die Münzadministration wies darauf hin, daß dies zum Teil auf die Art und Weise zurückzuführen sei, mit der das Silber nach dem Feinbrennen abgekühlt würde. In diesem Punkt sei aber bereits Abhilfe geschaffen worden, da die Methode "auf Anordnung des Oberbergrat Albert" verbessert worden wäre.[117]

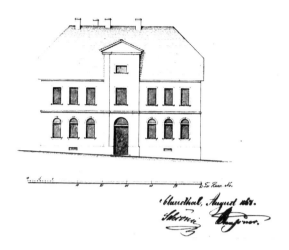

Abb. 26: Vorderansicht des Chemischen Laboratoriums, Oberharzer Bergwerksmuseum

Als problematisch stellte die Münzadministration in diesem Bericht die Tatsache dar, daß auf der Münze selbst keine Probiereinrichtung vorhanden sei und "die Probe nach der Wohnung des Münzwardein geschickt werden" müsse. Aus einer Aufstellung über angeforderte Kohlenfuhren aus dem Jahr 1845 geht hervor, daß in dem chemischen Laboratorium bei der Bergschule die "Versehung des Münzwardein Dienstes" stattfand.[118] Die Münze hatte aus diesem Grund "5 Karren Kohlen" an das Laboratorium und die Bergschule abzugeben.

Trotz weiterer Verbesserungen und der Anschaffung eines "Uhlhornschen Prägestocks" (auch Uhlhornsche Kniehebelpresse) Ende 1846 übte das Finanzministerium in Hannover zu Beginn des Jahres 1847 Kritik an den in Clausthal geprägten Münzen.

Die Berghauptmannschaft bat die Münzadministration um Stellungnahme. "Ungehörige Abweichungen der Feingehalte" und eine "unzulässige Verschiedenheit des Gewichts" der in Clausthal geprägten Talerstücke seien festgestellt worden. Münzadministrator Beermann versuchte, sich in einem umfangreichen Bericht zu rechtfertigen.[119] Er habe sich als Hüttenmann die "erforderlichen Kenntniße" des Münzwesens erst aneignen müssen, was aber, da im Jahre 1838 nur Taler aus reinem Silber geprägt worden seien, keine Schwierigkeit dargestellt habe. Als im Jahre 1840 das königliche Finanzministerium angeordnet habe, daß nur noch "12 löthig beschickte" Taler ausgeprägt werden dürften, hätte das erforderliche Wissen gefehlt. Daher habe er bei dem "selig verstorbenen Herrn Oberbergrat Albert"[120] Rat gesucht und sich an den damaligen

55

Münzmeister Schlüter in Hannover gewandt. Trotz häufiger Kontrollen wären ihm keine Abweichungen aufgefallen. Als das Rechnungswesen im Jahre 1845 dem in Hannover üblichen angeglichen worden sei, sei Beermann aufgefallen, daß in Hannover "erst gesotten und dann justiert" werde, wodurch ein gleichmäßigeres Gewicht erreicht würde. Allerdings habe er nicht geglaubt, daß die Differenz so groß sein könne. Einer Änderung des Verfahrens hätten bisher anfallende Mehrarbeiten und technische Schwierigkeiten im Wege gestanden. "um diesen Übelstand in der Folge zu vermeiden", müsse jedoch in Zukunft nach dem selben Prinzip wie in Hannover gearbeitet werden.

Was den Feingehalt des Silbers anginge, so habe der "abgegangene Münzwardein Dr. Jordan" den Feingehalt nur ungenau angegeben ("guth", "es darf nicht ärmer beschickt werden"). Unter seinem Nachfolger Bodemann seien große Schwankungen des Feingehaltes aufgefallen, woraufhin Beermann die Capellen für die Tiegelproben verbessert habe. Beermann verwies zu seiner Entlastung noch auf die Möglichkeit der Kontrolle durch die Münzfahrbüchse, da dort die Proben versiegelt und mit Angaben über den Gehalt versehen aufbewahrt seien. Abschließend wies Beermann, der sich keine Nachlässigkeit vorwerfen lassen wollte, auf die aufopferungsvolle, pflichtgetreue Versehung seines Dienstgeschäftes hin.

Noch am 3. Juli 1848 fragte die Berghauptmannschaft nach, ob es möglich sein werde, die Produktion der Münze zu steigern, doch in einem Schreiben aus Hannover vom 30. Juli 1848 wurde der Berghauptmannschaft eröffnet, daß "des Königs Majestät schon vorherig die Vereinigung der dortigen Münze mit der hiesigen zu bestimmen geruht habe und die Ausführung dieser Maßregel nur einstweilen noch ausgesetzt ist".

Die Schließung wird angekündigt

Ein knappes Jahr später, am 16. Juni 1849, teilte die Berghauptmannschaft die beabsichtigte Schließung der Münzstätte mit und forderte ein Gutachten an:

- ob Schwierigkeiten der Einstellung des Münzbetriebes bis zum 30. Juni entgegenstünden;
- welche Bedenken gegen die sonst getroffenen Bestimmungen aus Hannover bestünden [aus dem anliegenden Rescript aus Hannover ging hervor, daß in Zukunft alle vierzehn Tage ein Wagen unter Begleitung eines Münzarbeiteres und eines Landgendarmen 28 000 Rthlr. aus Hannover überbringen und die Ober- und Unterharzer Silber in Empfang nehmen solle. Das Feinbrennen des Silbers werde in Zukunft auch in Hannover geschehen.];
- welche Maschinen und Werkzeuge vorhanden seien;
- welche Münzarbeiter nach Hannover abzugeben und welche anderweitig unterzubringen sein würden.

Die Münzadministration bat um einen dreimonatigen Aufschub der Frist, um die Arbeiten mit der gehörigen Ordnung beenden zu können. Sie betonte, daß das Feinbrennen der Silber weiterhin in Clausthal geschehen müsse, da der Feingehalt des Silbers unterschiedlich sei.

Als Anlage übersandte die Leitung der Münze ein Inventarium, das alle Geräte, Werkzeuge und Maschinen aufführte. Zum letzten geforderten Punkt, der Frage nach den Beschäftigten, erfolgte eine genaue Auflistung der Münzarbeiter und ihrer Lebensumstände:

Münzwerkmeister Fincke:
- 53 Jahre alt;
- Hausbesitzer;
- vier erwachsene Kinder;

- hat 27 Jahre in der Münze gearbeitet;
- Wochenlohn: 5 Thlr. zuzüglich 20 Groschen für Nebenarbeiten;
- seine Gesundheit habe sehr gelitten.

Nach Schließung der Münze arbeitete Fincke als Glättwäger in der Altenauer Hütte. Er erhielt zu seinem Gehalt einen Zuschuß, um auf denselben Verdienst wie in seiner vorigen Stellung zu kommen.[121]

Münzschmied Helling:
- 43 Jahre alt;
- Hausbesitzer;
- sieben Kinder, das älteste 15 Jahre alt;
- hat 17 Jahre in der Münze gearbeitet;
- Wochenlohn: 4 Thlr. zuzüglich 6 Groschen;
- er sei in den letzten Jahren öfter von schweren Krankheiten heimgesucht worden, daher, und weil er fürchte, mit seiner großen Familie in Hannover kein Auskommen zu finden, wünsche er, hier anderweitig versorgt zu werden. Er füge sich aber mit dem größten Vertrauen dem Ermessen hoher Behörde [ein Satz, der bei allen Arbeitern zu finden ist].

Helling arbeitete nach Schließung der Münze als Haldenuntersteiger und mußte eine Verdiensteinbuße in Kauf nehmen.[122]

Münzschmied Biewend:
- 43 Jahre alt;
- Hausbesitzer;
- vier Kinder, das älteste 16 Jahre alt;
- hat 16 Jahre auf der Münze gearbeitet;
- Wochenlohn 3 Thlr. 16 Gr., als Schmelzer wöchentlicher Nebenverdienst von durchschnittlich 20 Groschen zusätzlich;
- befriedigende Gesundheitsumstände.

Biewend arbeitete später als Haldenuntersteiger und verdiente weniger als in seiner vorigen Stellung.[123]

Die Münzadministration gab zu bedenken, daß die drei Hausbesitzer bei einem Brand vor vier Jahren "mit abgebrand" seien und beim Verkauf ihrer wiederaufgebauten Häuser und Grundstücke "gewiß große Verluste erleiden" würden.

Münzschmied Habich:
- 44 Jahre alt,
- vier Kinder, das älteste 11 Jahre alt;
- hat 15 Jahre in der Münze gearbeitet;
- Wochenlohn 3 1/2 Rthlr. zuzüglich 8 Groschen;
- "er hat einen Bruchschaden und durch eine hier in der Münze bekommene Beschädigung bedeutende Schwäche im rechten Arm".

Habich war in der folgenden Zeit als Weilarbeiter auf der Grube Alte Margarethe tätig.[124]

Münzschmied Emmel:
- 39 Jahre alt;
- fünf Kinder, das älteste 12 Jahre alt;
- hat 9 Jahre in der Münze gearbeitet;
- Wochenlohn 3 1/3 Rthlr. zuzüglich 8 Groschen;
- Emmel sei ein gesunder und kräftiger Mann und "wird unter guten Bedingungen gewiß recht guth für die Münze in Hannover paßen", er könne wegen seiner großen Familie aber "nicht an Verdienst verlieren".

Emmel arbeitete nach Schließung der Münze als Weilarbeiter auf der Grube Alte Margarethe. Er verdiente mit dem Zuschuß, der allen ehemaligen Münzarbeitern gezahlt wurde, etwas mehr als zuvor.[125]

Münzschmied Kerkhoff:
- 46 Jahre;
- zwei Kinder, das ältere 10 Jahre alt;

- hat 7 Jahre in der Münze gearbeitet;
- Wochenlohn 3 Rthlr. 4 Gr. zuzüglich 8 Groschen;
- Kerkhoff habe einen Bruchschaden, ansonsten eine gute Gesundheit. Er sei allerdings gelernter Bergmann, "es fehlen also wohl die Handgeschicklichkeiten, welche gelernte Grob- und Kleinschmiede besitzen, allein er hat sich hier immer als ein sehr fleißiger, folgsamer u. ehrlicher Arbeiter betragen."

Kerkhoff war in der darauffolgenden Zeit als Hüttenarbeiter auf der Sollingerhütte tätig. Er verdiente, ebenso wie Emmel, etwas mehr als in der Münze.[126]

'Gehülfsarbeiter' Lunert:
- 31 Jahre alt;
- unverheiratet;
- hat 7 Jahre auf der Münze gearbeitet;
- Wochenlohn 3 Rthlr.;
- "er ist ein sehr kraftvoller Mann und verspricht demnächst ein tüchtiger Münzschmied zu werden".

Lunert reiste nach Schließung der Münze nach Hannover. Dort bekam er jedoch keine Arbeit und kehrte nach Clausthal zurück. Eine Zeit lang verdiente er sein Geld als Bergmann, konnte dann aber doch in der Münze zu Hannover eine Stellung bekommen.[127]

Münzwächter Bode:
- 46 Jahre alt;
- hat 14 Jahre als Schmelzer in der Clausthaler Hütte gearbeitet, "hat häufig an der Hüttenkrankheit gelitten und ist früh invalide geworden";
- hat seit 6 1/2 Jahren den Münzwächterdienst versehen;
- bezieht 20 Groschen Gnadenlohn von der Hütte und 1 Rthlr. 10 Gr. für seine Beschäftigung bei der Münze.

Ehemaliger Bergmann Andreas:
- 48 Jahre alt;
- hat sich "auf der Grube blind geschossen";
- arbeitet seit 25 Jahren in der Münze beim Talerprägen;
- Wochenlohn 1 Rthlr. im Durchschnitt;
- Andreas bittet um Ersatz für den Verlust dieses Einkommens.

Die Münzadministration stellte allen Arbeitern ein gutes Zeugnis aus und versicherte, daß sie sich "jederzeit getreu, fleißig und folgsam betragen" hätten. "Es würde uns sehr schmerzlich berühren, diese guten Leute in der Folge Noth leiden zu sehen."

Die Verlegung der Münze nach Hannover

Bereits im Jahre 1847 waren die Überlegungen, entweder die Münze in Clausthal oder die in Hannover zu schließen, konkret geworden. Der Hannoveraner Münzmeister Bruel und der dortige Münzwardein Holzberger verfertigten einen 57 Seiten starken Bericht über die Vorzüge und Nachteile der jeweiligen Münzstätten und des zukünftigen Standortes.[128]
In bezug auf Gebäude und Münztechnik gab es für beide Münzen einige Minuspunkte. Investitionen seien in jedem Fall erforderlich.
Für die Verlegung nach Hannover sprach der Standort, der näher an den Metallhandelszentren und dem Verwaltungssitz des Königreiches lag. Für den Standort Clausthal wurden die geringeren Transportkosten für die Harzer Silber und die fertigen Münzen angeführt. Alles in allem sprachen sich Bruel und Holzberger für den Neubau einer Münze in Hannover aus. Sie waren über-

zeugt, daß mit den genannten Einrichtungen "das gesamte, am Harze produzierte Silber zu vollkommenerem Gelde, als es bisher in der Clausthaler Münze geschah, zu verprägen sein wird". An der Clausthaler Münzverwaltung übte das Gutachten Kritik. Diese hätte die günstigen Verhältnisse einer regelmäßigen Produktion und eines großen Grundstücks nicht zu nutzen gewußt, was an der dürftigen Ausstattung der Münze und der Beschaffenheit des dort vermünzten Geldes abzulesen sei. "..., daß man aus keiner anderen Münze Deutschlands so unvollkommen ausgeprägte Geldstücke hervorgehen sehe!"

Die Clausthaler Berghauptmannschaft fertigte ebenfalls ein Gutachten über die geplante Vereinigung der Münzstätten an.[129] Ihr Vorschlag lautete, die Clausthaler Münzstätte bestehen und dort nur Feinsilber (die Harzsilber) verprägen zu lassen. Die Clausthaler Berghauptmannschaft legte ihre Gründe für die Befürwortung einer bevorzugten Verprägung von Feinsilber dar. Das Prägen von feinem Silber erforderte geringere Kosten und ergebe schönere und wertvollere Münzen. Die Münzen aus legiertem Metall seien zwar härter, aber deswegen nicht gegen Abnutzung durch Oxidation des Metalls geschützt.

Das Finanzministerium beschloß nichtsdestoweniger eine Verlegung der Clausthaler Münzstätte nach Hannover.

Im April des Jahres 1848 kam es zu Versammlungen und Kundgebungen in Clausthal. Die Bergleute forderten höhere Löhne.[130] Im August des Jahres führten unter anderem Gerüchte über die bevorstehende Schließung der Clausthaler Münze zu erneuten, tumultartigen Unruhen. Das Finanzministerium schrieb daraufhin an die Berghauptmannschaft, daß eine Anordnung von Maßregeln bezüglich der Unruhen durch das Ministerium des Inneren erfolgen werde. In dem Schreiben wurde der dringende Wunsch

geäußert, daß die Berghauptmannschaft ihren ungünstigen Ansichten über die Münzverlegung nicht mehr öffentlichen Ausdruck verleihe, damit den irrigen Meinungen über die Gründe dieses Vorgehens nicht weiterer Vorschub geleistet werde.[131]

Im darauffolgenden Jahr war die Auflösung der Clausthaler Münze kein Gerücht mehr. Mit Eingaben und Petitionen versuchten Bürger und Magistrat, die Entscheidung aus Hannover rückgängig zu machen.
Nach einer Magistratssitzung am 17. Juni 1849 ließ der Magistrat der Stadt Clausthal eine weitere Petition verfassen und sie durch eine Abordnung nach Hannover bringen.[132] Nach der jüngsten Kunde von der Verlegung der Münze habe sich "ein unwiderstehlicher Drang zu abermaligem gemeinschaftlichem Handeln, um die drohende Gefahr abzuwenden", "ihrer bemächtigt". "Wenigstens die durch den Oberharzer Bergbau gewonnenen Metalle" sollten weiterhin in Clausthal ausgeprägt werden. Besonders betonte der Magistrat, daß der "nationale Stolz des Harzers" einen empfindlichen "Stoß" durch die Aufhebung der Münze erleide. Als Minimalforderung wollte der Magistrat die aus Harzer Silber geprägten Münzen mit einer Umschrift, "Segen des Harzer Bergbaus", versehen wissen. Als alternative Erwerbszweige regte der Magistrat die Verlegung der Berghandlung auf den Harz und die Zurückverlegung der Forstschule nach Clausthal an. Das Schreiben war von 14 Personen unterzeichnet.
Das Finanzministerium schickte ein Antwortschreiben an den Magistrat und die Bürgervertretung Clausthal.[133] Das Ministerium betonte, daß mit der Verlegung nach Hannover den Anforderungen des modernen Münzwesens Rechnung getragen worden sei.

Die Münze zu Hannover sei größer und besser ausgestattet als die Clausthaler und befände sich näher an der Finanzverwaltung und den Hauptkassen des Königreiches. Die Verlegung solle jedoch mit größter Schonung und Rücksicht auf die Interessen der Harzverwaltung und der "getreuen" Bewohner geschehen. Eine angemessene Zahl der Clausthaler Münzarbeiter werde von der Münze zu Hannover übernommen. Die gelieferten Brandsilber würden den Harzkassen bar bezahlt. Außerdem habe der König sein Einverständnis gegeben, "daß den getreuen Harzbewohnern das Erzeugnis ihrer mühevollen Arbeit durch Ausprägung von Thalern mit Bezeichnung des Ursprungs aus den Harzbergwerken vergegenwärtigt bleibe". Die Verlegung von Forstschule oder Berghandlung nach Clausthal wolle man in Erwägung ziehen, könne aber noch keine verbindlichen Angaben machen. Das Finanzministerium gab der Hoffnung Ausdruck, daß Stadtverwaltung und Bürgervertreter die Unvermeidlichkeit der Resolution akzeptierten und ihre Überzeugung an die "Harzbewohner" weitervermittelten.

Die Münze stellte ihren Betrieb weisungsgemäß ein. Am 26. Juli 1849 erstattete Beermann darüber Bericht und überreichte der Berghauptmannschaft den letzten in Clausthal geprägten Taler.[134] Am 17. Juli im Quartal Crucis 1849 seien die letzten Münzen geprägt und der Betrieb damit eingestellt worden. Den letzten Taler übersende er mit der Bitte, ihn in eine der hiesigen Sammlungen aufzunehmen, "um ihn als ein Andenken für eine Zeit aufzubewahren, wo die Harzthaler einer längst entschwundenen Epoche unseres Bergbaus angehören." Nicht ohne Pathos zog Beermann einen Schlußstrich unter den Betrieb der Münze und seine Tätigkeit.

Das Inventar der Münze wurde verkauft oder an andere Betriebe abgegeben, so z.B. an das chemische Laboratorium, die Modellwerkstatt und eine Bergschmiede.[135]

Das Feinbrennen der Silber erfolgte weiterhin in Clausthal.
Für den Transport des wertvollen Metalls traf das Finanzministerium Anordnungen.

Im Dezember 1849 brachten Fuhrleute unter Bewachung das Silber von Clausthal nach Hannover. Das durch die Goldscheidung gewonnene Gold fuhr der Posthalter Marbach nach Goslar, wo es von einem Hannoveraner Fuhrmann in Empfang genommen wurde.
Im Laufe der folgenden Zeit gehörten die Silbertransporte nach Hannover zum Alltag des Bergwerkshaushaltes. Die Münze in Hannover besaß einen besonderen "omnibusähnlichen" Wagen zu diesem Zweck. Dieser wurde "mit zwei Pferden bespannt, fährt — von einem Münzarbeiter und von einem Gendarm begleitet — morgens 8 Uhr mit einer in 6 bis 8 verschlossenen Kisten verpackten Geldladung von 2400 Rthlr von hier [Hannover] nach Ringelheim, bekommt dort frische Pferde und trifft am anderen Morgen gegen 9 Uhr in Goslar vor der Hauptwache ein, tauscht dort die 6 bis 8 verschlossenen Geldkisten gegen 6 bis 8 mit pptr. 8 -900 Pfund Silber beladenen, gleichfalls verschlossenen Kisten, welche von Clausthal ebenfalls begleitet von einem Arbeiter und einem Gendarm ziemlich zu der selben Zeit in Goslar vor der Hauptwache angekommen sind, aus." Mit der Ladung Silber traf der Wagen gegen 23.00 Uhr wieder in Hannover ein.[136]

Nach über zweihundertjährigem Bestehen war die Clausthaler Münzstätte aufgelöst worden. Die Aufregung, die dies in der Bevölkerung auslöste, erklärt sich durch die Tatsache, daß während dieser Zeitspanne alle Schritte vom Abbau des Erzes über seine Aufbereitung und Verhüttung bis hin zur Herstellung von Münzen aus dem Silber 'vor Ort' stattfanden. Ein Teil des in der Münze geprägten Geldes wurde als Lohn an die Arbeiter ausgezahlt, die an dem Produktionsprozeß auf unterschiedliche Weise beteiligt waren.
Daneben bedeutete es natürlich einen Prestigeverlust für die Bergstadt Clausthal, daß sich keine herrschaftliche Münzstätte mehr im Ort befand.

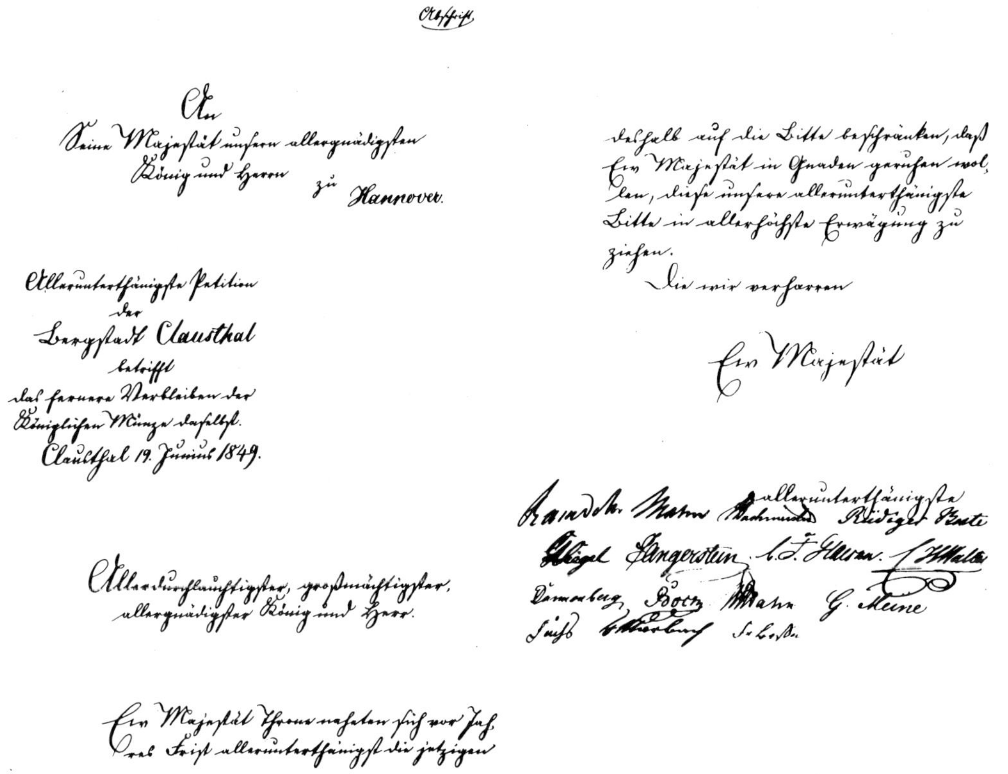

Abschrift.

An
Seine Majestät unsern allergnädigsten
König und Herrn zu Hannover.

Allerunterthänigste Petition
der
Bergstadt Clausthal
betrifft
das fernere Verbleiben der
Königlichen Münze daselbst.
Clausthal 19. Junius 1849.

Allerdurchlauchtigster, großmächtigster,
allergnädigster König und Herr.

Ew. Majestät Throne nahten sich vor Jahresfrist allerunterthänigst die jetzigen

deshalb auf die Bitte beschränken, daß Ew. Majestät in Gnaden geruhen wollen, diese unsere allerunterthänigste Bitte in allerhöchste Erwägung zu ziehen.

Die wir verharren

Ew. Majestät

allerunterthänigste

Abb. 27: Petition des Clausthaler Magistrats an den König wegen beabsichtigter Schließung der Münze im Jahre 1849, Archiv des Oberbergamtes Clausthal

Erläuterungen zum Münzwesen:

Feine Mark, Kölner Mark:
Gewichtseinheit für Silber, entspricht 233,856 Gramm, wird eingeteilt in 16 Lot zu je 18 Grän.

Reichsthaler (Rthlr):
Reichsspeziestaler, geprägt nach dem Reichstagsabschied Augsburg 1566; Feingewicht: 1/9 Mark Silber; Rauhgewicht (tatsächliches Gewicht): 1/8 Mark Silber; Feingehalt: 889/000 (14 Lot, 4 Grän) zerfällt in 24 Gute Groschen; wurde auch als Halb-, Viertel-, Achteltaler geprägt.
Leipziger Taler, geprägt nach dem Leipziger Fuß 1690; 1/12 Mark Silber; viel benutzter Rechnungstaler, selten geprägt; 1738 zum Reichstaler erklärt.

Leipziger Gulden oder 2/3 Stück:
abgekürzt fl = florenus (stammt von den im MA geprägten Goldgulden, wurde auch für Silbergulden übernommen); 1/18 Mark Silber; eingeteilt in 16 Gute Groschen zu 12 Guten Pfennigen; entspricht 24 Mariengroschen; eine der gängigsten Münzen in Braunschweig-Lüneburg.

Mariengroschen:
1/36 des jeweiligen Talers; eingeteilt in 12 Leichte Pfennige; 36 Mariengroschen entsprechen 24 Gute Groschen, 12 Leichte Pfennige entsprechen 8 Guten Pfennigen.

Mariengulden:
abgekürzt mfl; entspricht dem Wert von 20 Mariengroschen = 13 1/2 Gute Groschen des Leipziger Fußes; 1 Leipziger Gulden = 1,2 Mariengulden; nur 1623/24 in Braunschweig-Lüneburg geprägt, waren aber lange Zeit Rechnungseinheit (bis 1817 wurden z.B. die Zubußen in Mariengulden angegeben).

Conventionstaler:
1753 war zwischen Bayern und Österreich der Konventionsfuß vereinbart worden: 10 Taler = 20 Gulden zu 24 Groschen auf die Mark Silber; der Silbergehalt war viel zu hoch, daher mußte der Konventionsthaler als Speziestaler (im Ggs. zu Talern als reine Rechnungseinheit) mit 1 1/3 Aufgeld (d.h. 32 Gute Groschen) bewertet werden; trotz der erforderlichen komplizierten Umrechnung in anderer Münzfüße, verbreitete sich diese Währungseinheit im ganzen Reich und wurde ab 1817 auch im Königreich Hannover eingeführt;
1834 wurde in Hannover der preußische 14-Taler- oder Couranttalerfuß angenommen; der im Wiener Münzvertrag 1857 festgelegte Vereinstaler (30 Taler auf 500 g Silber) hat das deutsche Münzwesen entscheidend vereinheitlicht.

Fußnoten:

[1] Kraschewski, Wirtschaftspolitik im deutschen Territorialstaat, 1978, S. 12f.

[2] vgl.: Radday, Mit Haspel, Fahrkunst und Computer. Harzer Bergbau einst und jetzt, 1988.

[3] vgl.: Jesse, Münz- und Geldgeschichte, 1965, S. 77-104.

[4] Gewerken sind Anteilseigner eines Bergwerks; die Anteile werden Kuxe genannt.

[5] Bleioxid

[6] vgl.: Günther, Münzstätten, 1908 und 1911.

[7] Zur Geschichte der Zellerfelder Münzstätte vgl.: Burose et al., Die Zellerfelder Münze, 1984.

[8] Günther, Münzstätten, 1908, S. 136.

[9] So z.B. Henning Calvör, Nachricht des Maschinenwesens, 1763 und Günther Heyse, Beiträge zur Kenntniß des Harzes, 1874[2].

[10] Calvör, Maschinenwesen, T. 2, 1763, S. 264.

[11] zu Generalwardein, Wardein, Probationstag s.a. 'Die Münzfahrbüchse', S. 133.

[12] zit. nach: Heyse, Beiträge zur Kenntniß des Harzes, 1874², S. 107.

[13] Grubenhagens durch Herzog Christian von Lüneburg-Celle.

[14] Günther, Münzstätten, 1908, S. 137.

[15] Günther, Nachtrag Münzstätten, 1911, S. 286.

[16] OBA, Bibl. Ach., XI C5 19; Adolf Achenbach (1825-1903) war Berghauptmann in Clausthal.

[17] Günther, Münzstätten, 1908, S. 136.

[18] Schreiber, Kurtzer Historischer Bericht, 1678, S, 16.

[19] Günther, Münzstätten, 1908, S. 138.

[20] Günther, Münzstätten, 1908, S. 138.

[21] vgl.: Burose et al., Die Zellerfelder Münze, 1984, S. 95f.

[22] Die folgende Beschreibung der Münztechnik stützt sich im wesentlichen auf Calvör, Maschinenwesen, T 2, 1763 und Gatterer, Anleitung den Harz und andere Bergwerke zu bereisen, T 1, 1785, sowie auf OBA CL-Z, Fach 1291/Nr. 2.

[23] Löhneyß, Bericht vom Bergwerk, 1617, S. 189.

[24] Gatterer, Anleitung den Harz und andere Bergwerke zu bereisen, Tl, 1785, S. 295.

[25] Rohr, Merckwürdigkeiten des Ober-Hartzes, 1739, S. 568.

[26] vgl.: Greuner, Knappschaftskasse, 1962, S. 240f; OBA CL-Z, Hist. u. statist. Nachr. Nr. 693.

[27] vgl.: Henschke, Landesherrschaft und Bergbauwirtschaft, 1974, S. 76f.

[28] vgl. Fiala, Münzen und Medaillen der welfischen Lande, Teil VII, 1912, S. 34.

[29] Schreibweise des Namens auch Laffers, Lafferd, Laffert.

[30] Lafferts war von 1615 bis Anfang 1617 in Goslar als Münzmeister tätig.

[31] zit. nach: Günther, Münzstätten, 1911, S. 284.

[32] zit. nach: Günther, Münzstätten, 1911, S. 284; Günther wertete in seinem Aufsatz Akten aus dem Staatsarchiv in Hannover aus.

[33] Günther, Münzstätten, 1911, S. 284.

[34] zit. nach: Heyse, Beiträge zur Kenntniß des Harzes, 1874², S. 100.

[35] vgl. Burose et al., Die Zellerfelder Münzc, 1984, S. 15f; Fiala, Münzen und Medaillen der welfischen Lande, Teil VII, 1912, S. 37.

[36] Zainhaken: Eiserne Stangen, am Ende hakenförmig gebogen; dienten dem Transport der heißen, teilweise noch glühenden Zaine.

[37] Heyse, Beiträge zur Kenntniß des Harzes, 1874², S. 109.

[38] Günther, Münzstätten 1908, S. 125.

[39] zit. nach: Günther, Münzstätten, 1908, S. 122.

[40] Günther, Münzstätten, 1908, S. 123.

[41] OBA CL-Z, Fach 1291/Nr. 2.

[42] Günther, Münzstätten, 1908, S. 125, Münzen und Medaillen der welfischen Lande, Teil VII, 1912, S. 34.

[43] Kurantmünze: Nennwert = Metallwert; Scheidemünze: Nennwert > Metallwert.

[44] vgl.: Archiv Oberharzer Bergwerksmuseum, Manuskript o. Jahr.

[45] Honemann, Alterthümer, III. Teil, 1755, S. 46/47.

[46] Schreibweise des Namens auch Wefer oder Weffer.

[47] zit. nach: Fiala, Münzen und Medaillen der welfischen Lande, Teil VII, 1912, S. 39.

[48] vgl. Fiala, Münzen und Medaillen der welfischen Lande, Teil VII, 1912, S. 41.

[49] Honemann, Alterthümer des Harzes, 1754, Teil IV, S. 107.

[50] zit. nach: Fiala, Münzen und Medaillen der welfischen Lande, Teil VII, 1912, S. 41.

[51] zit. nach: Fiala, Münzen und Medaillen der welfischen Lande, Teil VII, 1912, S. 44/45.

[52] vgl.: Spier, Rammelsberger Gold, 1992, S. 12f.

[53] vgl.: Fiala, Münzen und Medaillen der welfischen Lande, Teil VII, 1912, S. 51.

[54] zit. nach: Fiala, Münzen und Medaillen der welfischen Lande, Teil VII, 1912, S. 52; vgl.: Archiv Oberharzer Bergwerksmuseum, Manuskript Münzmeister o.J.

[55] OBA CL-Z, Fach 1291/Nr. 2, Verschiedene Münzsachen de anno 1672.

[56] OBA CL-Z, Fach 1291/Nr. 2, 'Gutachterlicher Bericht Heinrich Bonhorsts, den Preis der verzeichneten Münz-Instrumente betreffend', 5.3.1674.

[57] OBA CL-Z, Fach 1304/Nr. 9, 'Vorschlag wegen Ankauffung eines in Zelle befindlichen Stoßwerks', Briefwechsel 30.8.1710 - 2.10.1710.

[58] Prägung mit dem Ring oder im Ring: Um den Münzrohling wurde beim Prägen ein entsprechend gefertigter ein- oder zweiteiliger Ring gelegt. Die Münze behielt dadurch die exakte Form und erhielt ein sauberes Gepräge. Auch Randschriften konnten auf diese Weise angebracht werden.

[59] OBA CL-Z, Fach 1304/Nr. 9, Schreiben der Räte aus Hannover an den Berghauptmann vom 10.02.1717.

[60] OBA CL-Z, Fach 1304/Nr. 9, Bericht vom Angebäude und Kostenanschlag, 4. Juli 1717.

[61] OBA CL-Z, Fach 1304/Nr. 9, Bericht des Berggegenschreibers Spangenberg an das Bergamt über einige Reparaturen auf der Münze vom 30.08.1721.

[62] HStA Hann., Hann. 92 XXVII, Nr. 8, "Copia der von dem H. Vice-Berghauptmann von Heimburg eingeschickten Berichte de dato Zellerfeld, den 26. Martii 1725".

[63] HStA Hann., Hann. 92 XXVII, Nr. 8, "Datum Hannover in königl. Geheimbten Rathes-Stube, den 28ten Martii 1725".

[64] s.a.: "Die Baugeschichte der Münze zu Clausthal", S. 69.

[65] zit. nach: Fiala, Münzen und Medaillen der welfischen Lande, Teil VII, 1912, S. 59.

[66] s.a.: "Die Baugeschichte der Münze zu Clausthal", S. 69.

[67] vgl. OBA CL-Z, Fach 68/Nr. 5.

[68] OBA CL-Z, Fach 68/Nr. 5, 27.02.1728, Schreiben des Vice-Berghauptmanns von Heimburg.

[69] vgl.: Fiala, Münzen und Medaillen der welfischen Lande, Teil VII, 1912, S. 61.

[70] zit. nach: Fiala, Münzen und Medaillen der welfischen Lande, Teil VII, 1912, S. 65.

[71] OBA CL-Z, Fach 304/Nr. 10, Anschaffungen und Raparaturen 1736-1818.

[72] OBA CL-Z, Fach 1291/Nr. 2, "Ein Buch, worinen alle vorkomende merkwürdige Sachen notiret sind, von Johann Wilhelm Schlemm, 1735-1753".

[73] zit. nach: Fiala, Münzen und Medaillen der welfischen Lande, Teil VII, 1912, S. 76.

[74] zit. nach: Fiala, Münzen und Medaillen der welfischen Lande, Teil VII, 1912, S. 85.

[75] vgl.: Fiala, Münzen und Medaillen der welfischen Lande, Teil VII, 1912, S. 79-87.

[76] vgl.: Bartels, Vom frühneuzeitlichen Montangewerbe zur Bergbauindustrie, 1992, S. 360.

[77] Knochenmehl wurde für die Auskleidung der Teste zum Silberbrennen benötigt; eine Darstellung der Vorfälle während der Besetzung liefert: von Salz, Die auf den General Vaubecourt geprägt Medaille, Ztschr. d. hist. Vereins f. Nds, 1867, S. 243-298.

[78] vgl.: Bartels, Vom frühneuzeitlichen Montangewerbe zur Bergbauindustrie, 1992, S. 61 und 360.

[79] vgl.: von Salz, Die auf den General Vaubecourt geprägte Medaille, Ztschr. d. hist. Vereins f. Nds, 1867, S. 243-298.

[80] vgl.: OBA CL-Z, Akte 1293/Nr. 6.

[81] vgl.: Fiala, Münzen und Medaillen der welfischen Lande, Teil VII, 1912, S. 83.

[82] vgl.: Bahrfeldt, Die Harzmünzstätte Clausthal zu Beginn des 19. Jhs, 1931; OBA CL-Z, Fach 1293/Nr. 6 und Fach 1292/Nr. 4 (zit.).

[83] OBA CL-Z, Fach 1310/Nr. 31 f.

[84] OBA CL-Z, Fach 1340/Nr. 41.

[85] OBA CL-Z, Fach 1340/Nr. 41, Schreiben vom 13.03.1821.

[86] vgl.: Humm, Aus längst vergangenen Tagen, Bd. II, 1987², S. 27-30; die 'Goldene Krone' wurde im Jahr 1680 zur Unterbringung vornehmer Gäste eingerichtet.

[87] vgl.: Humm, Aus längst vergangenen Tagen, Bd. II, 1987², S. 27-30; Humm beruft sich auf Herbert Lommatzsch, der zu diesem Thema Akten des Oberbergamtes Clausthal ausgewertet hat.

[88] zit. nach: Humm, Aus längst vergangenen Tagen, Bd. II, 1987², S. 28.

[89] OBA CL-Z, Fach 1309/Nr. 27, Betr. Besuch der Münze durch Fremde.

[90] vgl.: ''Die Baugeschichte der Münze zu Clausthal'', S. 69.

[91] OBA CL-Z, Fach 1310/Nr. 42.

[92] OBA CL-Z, Fach 1310/Nr. 42, Schreiben Alberts vom 28. März 1821.

[93] OBA CL-Z, Fach 1310/Mr. 42, 2. Apr. 1821, Registratum Cl in der königl. Münze.

[94] OBA CL-Z, Fach 1310/Nr. 42, Schreiben vom 18.07., 23.07. und 30.07.1842.

[95] OBA CL-Z, Fach 1310/Nr. 42, Bergamtsprotokoll Nr. 12, Quartal Luciae 1842.

[96] Ebenda, Schreiben Klapproths vom 7. Dezember 1843.

[97] vgl.: Gatterer, Anleitung den Harz zu bereisen, I. Teil, 1792, S. 299, ''Die Münzer des Handwerks(...) wollen nicht am Druckwerk arbeiten...''.

[98] Die Angabe der Lohnhöhe für den Münzmeister und die folgenden Personen erfolgt soweit nichts zusätzliches angegeben ist auf Grundlage der bei Fiala [Münzen und Medaillen der welfischen Lande, Teil VII, 1912] verzeichneten Beträge.

[99] OBA CL-Z, Fach 1340/Nr. 41.

[100] Gatterer, Anleitung den Harz zu bereisen, V. Teil, 1792, S. 613f.

[101] zit. nach: Fiala, Münzen und Medaillen der welfischen Lande, Teil VII, 1912, S. 47/48, Münzdirektor Bonhorst referierte im Jahre 1695 über die Tätigkeit des neuen Eisenschneiders Lambelet.

[102] OBA CL-Z, Fach 1291/Nr. 2.

[103] OBA CL-Z, Fach 1291/Nr. 2.

[104] OBA CL-Z, Fach 1309/Nr. 25.

[105] OBA CL-Z, Fach 1309/Nr. 25.

[106] OBA CL-Z, Fach 1309/25, Bittgesuch Hilles vom 14.05.1840.

[107] OBA CL-Z, Fach 1309/Nr. 25, Schreiben der Münzadministration vom 15.5.1840.

[108] Vgl.: Seelig, Die wirtschaftliche Stellung Oberharzer Bergmannsfamilien, 1970, S. 31f u. Anhang XII.

[109] Seelig, Die wirtschaftliche Stellung Oberharzer Bergmannsfamilien, 1970, S. 33.

[110] Tabelle nach: Seelig, Die wirtschaftliche Stellung Oberharzer Bergmannsfamilien, 1970, S. 32.

[111] Tabelle nach: Seelig, Die wirtschaftliche Stellung Oberharzer Bergmannsfamilien, 1970, S. 32.

[112] OBA CL-Z, Fach 1311/Nr. 44.

[113] Ebenda, Schreiben des Finanzministeriums vom 21.12.1839; beschickte Taler werden aus einer Legierung im Verhältnis 12 Teile Silber : 4 Teile Kupfer hergestellt.

[114] OBA CL-Z, Fach 1311/Nr. 44, Stellungnahme der Münzadministration o.D. (1839/40).

[115] OBA CL-Z, Fach 1311/Nr. 44, Schreiben vom 24.11.1840, 18.6.1841 und 21.8.1841.

[116] OBA CL-Z, Fach 1311/Nr. 44, Schreiben vom 19.08.1844 und vom 5.05.1845.

[117] OBA CL-Z, Fach 1311/Nr. 44, Betriebsbericht für das Jahr 1844 vom 30. Juli 1845.

[118] OBA CL-Z, Fach 1311/Nr. 44, Aufstellung über angeforderte Kohlen, Quartal Trinitatis 1845.

[119] OBA CL-Z, Fach 1311/Nr. 44, Schreiben der Berghauptmannschaft vom Januar 1847, Bericht Beermanns vom 15.02.1847.

[120] Oberbergrat Albert starb am 4.7.1846.

[121] OBA CL-Z, Fach 1311/Nr. 52, Gnadengeschenke für die vorherigen Münzarbeiter 1853-1863.

[122] OBA CL-Z, Fach 1311/Nr. 52, Gnadengeschenke für die vorherigen Münzarbeiter 1853-1863.

[123] OBA CL-Z, Fach 1311/Nr. 52, Gnadengeschenke für die vorherigen Münzarbeiter 1853-1863.

[124] OBA CL-Z, Fach 1311/Nr. 52, Gnadengeschenke für die vorherigen Münzarbeiter 1853-1863.

[125] OBA CL-Z, Fach 1311/Nr. 52, Gnadengeschenke für die vorherigen Münzarbeiter 1853-1863.

[126] OBA CL-Z, Fach 1311/Nr. 52, Gnadengeschenke für die vorherigen Münzarbeiter 1853-1863.

[127] OBA CL-Z, Fach 1311/Nr. 50, Die Benefizien des vormaligen Münzarbeiters Lünert, 1849-1851.

[128] OBA CL-Z, Fach 1311/Nr. 47, Bericht vom 20. Juli 1847.

[129] OBA CL-Z, Fach 1311/Nr. 47, Gutachten der Berghauptmannschaft vom 28. Juli 1848.

[130] vgl.: Bartels, Vom frühneuzeitlichen Montangewerbe zur Bergbauindustrie, 1992, S. 458f.

[131] OBA CL-Z, Fach 1311/Nr. 47, Schreiben des Finanzministeriums vom 27.8.1848.

[132] OBA CL-Z, Fach 1311/Nr. 47, Petition vom 19. Juni 1849.

[133] OBA CL-Z, Fach 1311/Nr. 47, Antwortschreiben des Finanzministeriums vom 29.06.1849.

[134] OBA CL-Z, Fach 1311/Nr. 47, Schreiben Beermanns vom 26.7.1849.

[135] OBA CL-Z, Fach 1311/Nr. 46, Schreiben des Berghauptmanns an das Bergamt vom 3.12.1849.

[136] OBA CL-Z, Fach 1311/Nr. 47, Bericht der Münze in Hannover vom 28.4.1864.

[137] vgl.: Spruth, Die Oberharzer Ausbeutetaler, 1986, S. 204f.

Quellen und Literatur:

Quellen:

OBA CL-Z, Fach   68/Nr. 5.

OBA CL-Z, Fach   304/Nr. 10.

OBA CL-Z, Fach 1291/Nr. 2.

OBA CL-Z, Fach 1292/Nr. 4.

OBA CL-Z, Fach 1293/Nr. 6.

OBA CL-Z, Fach 1304/Nr. 9.

OBA CL-Z, Fach 1309/Nr. 25.

OBA CL-Z, Fach 1309/Nr. 27.

OBA CL-Z, Fach 1310/Nr. 31f.

OBA CL-Z, Fach 1310/Nr. 42.

OBA CL-Z, Fach 1311/Nr. 44.

OBA CL-Z, Fach 1311/Nr. 46.

OBA CL-Z, Fach 1311/Nr. 47.

OBA CL-Z, Fach 1311/Nr. 50.

OBA CL-Z, Fach 1311/Nr. 52.

OBA CL-Z, Fach 1340/Nr. 41.

OBA, Bibliothek Achenbach, IX C5 19.

HStA Hannover, Hann. 92 XXVII, Nr. 8.

Gedruckte Quellen:

FIALA, EDUARD, Münzen und Medaillen der welfischen Lande, Teil VII: Das neue Haus Lüneburg(Celle) zu Hannover, Prag 1912.

Literatur:

BAHRFELD, MAX von, Die Harzmünzstätte Clausthal zu Beginn des 19. Jhs, Halle 1931.

BARTELS, CHRISTOPH, Vom frühneuzeitlichen Montangewerbe zur Bergbauindustrie. Erzbergbau im Oberharz 1635-1866, Bochum 1992.

BUROSE, HANS, HANS EMIL KOLB, WERNER HARTMUT FRANK, EKKEHARD REIFF, Die Zellerfelder Münze, Clausthal-Zellerfeld 1984.

CALVÖR, HENNING, Acta Historico-Chronologico-Mechanica circa Metallurgiam in Hercynia Superiori. Beschreibung des Maschinenwesens und der Hülfsmittel, Teil I u. II, Braunschweig 1763.

ERCKER, LAZARUS, Drei Schriften. Das kleine Probierbuch von 1556. Vom Rammelsberge, 1565. Das Münzbuch von 1563, Bochum 1968.

EY, AUGUST, Harzmärchenbuch, Nachdruck der Ausgabe Stade 1862, Hildesheim 1971.

GATTERER, CHRISTOPH WILHELM JAKOB, Anleitung den Harz und andere Bergwerke mit Nutzen zu bereisen, T. I-III, Göttingen 1785-90, T. IV u. V, Nürnberg 1792/93.

GREUER, JOHANNES-TRAUGOTT, Die Oberharzer Knappschaftskassen vom 16. Jh. bis zur Mitte des 19. Jhs., Diss. Göttingen 1962.

GRIEP, HANS-GÜNTHER, Das Bürgerhaus der Oberharzer Bergstädte, Tübingen 1975.

GÜNTHER, FRIEDRICH, Zur Geschichte der Harzischen Münzstätten, in: Harz-Ztschr. Nr. 41, 1908, S. 92-158; und Nachtrag in: Nr. 44, 1911, S. 284-291.

ders., Der Harz in Geschichts-, Kultur und Landschaftsbildern, Hannover 1888.

HENSCHKE, EKKEHARD, Landesherrschaft und Bergbauwirtschaft. Zur Wirtschafts- und Sozialgeschichte des Oberharzer Bergbaugebietes im 16. und 17. Jh., Berlin 1974.

HEYSE, GÜNTHER, Beiträge zur Kenntniß des Harzes, Aschersleben und Leipzig 1874[2].

HONEMANN, RUDOLPH LEOPOLD, Die Alterthümer des Harzes, Clausthal 1754.

HUMM, ALBERT, Aus längst vergangenen Tagen, Bd. II, Clausthal-Zellerfeld 1987[2].

JÄGER, FRIEDRICH, Entwicklung und Wandlung der Oberharzer Bergstädte. Ein Siedlungsgeographischer Vergleich, Clausthal-Zellerfeld 1972.

JESSE, WILHELM, Münz- und Geldgeschichte, in: Jäger, H. (Hrsg.), Methodisches Handbuch für Heimatforschung in Niedersachsen, Bd. 1, Hildesheim 1965, S. 77-104.

KRASCHEWSKI, HANS JOACHIM, Wirtschaftspolitik im deutschen Territorialstaat des 16. Jahrhunderts. Herzog Julius von Braunschweig-Wolfenbüttel. 1528-1589, Köln 1978.

LÖHNEYSS, GEORG ENGELHARDT, Bericht vom Bergwerk, wie man diesleben bawen und in guten wolstande bringen sol, sampt allen dazugehörigen arbeiten, ordnung und Rechtlichen processen, Zellerfeld 1617.

LOMMATZSCH, HERBERT, Der Oberharz im Spiegel der Jahrhunderte, Clausthal-Zellerfeld 1972[3].

Mit Haspel, Fahrkunst und Computer. Harzer Bergbau einst und jetzt, Hannoer 1988.

OESTERLE, KLAUS, Das Gesellschaftsgefüge Clausthals im 17. u. 18. Jh. Die Zehntner, Oberbergmeister u. Münzmeister, Staatsexamensarbeit 1966.

RIIESEN, JOHANN GOTTFRIED, Der in Gott andächtige Bergmann, Goslar 1705.

ROHR von, JULIUS BERNHARD, Geographische und Historische Merckwürdigkeiten des Ober-Hartzes, Frankfurt/Leipzig 1739.

SALZ, H. von, Die auf den General Vaubecourt im Jahre 1761 auf dem Harze geprägte Medaille, in: Ztschr. d. hist. Vereins f. Nds, 1867, S. 243-298.

SCHREIBER, THOMAS, Kurtzer historischer Bericht von Aufkunft und Anfang der Fürstlich Braunschweigisch-Lüneburgischen Bergwerke an und auf dem Hartze, Rudolstadt 1678.

SCOTTI, HANS-HERMANN von, Ausbeutetaler und Medaillen des Harzer Bergbaus, Goslar 1959.

ders. u. DENNERT, HERBERT, Die Münzstätten in Zellerfeld und Clausthal, in: Technische Universität Clausthal, Bd. 1, Clausthal-Zellerfeld 1975.

SEELIG, WOLFGANG, Die wirtschaftliche Stellung Oberharzer Bergmannsfamilien im 18. und 19. Jahrhundert unter besonderer Berücksichtigung der Bergfreiheiten. Dargestellt am Beispiel der freien Bergstadt Clausthal, Diss. Clausthal 1970.

SPIER, HEINFRIED, Das Rammelsberger Gold, Hornburg 1992.

SPRUTH, FRITZ, Die Oberharzer Ausbeutetaler von Braunschweig-Lüneburg im Rahmen der Geschichte ihrer Gruben, Bochum 1986.

Lehrlingsgewand der Münzstätte Zellerfeld um 1664

Die Lehrlinge deutscher Münzstätten mußten in ihren vier Lehrjahren eine ,,thörliche Kappe'' tragen. Dies bestimmte eine Verordnung, die Kaiser Maximilian II. 1571 erlassen hatte. Die Kapuzen mit den Ohren und Schellen ähnelten einer Narrenkappe. Sie sollten durch Form und Farbe optisch und durch das Schellengeläut akustisch möglichst auffällig sein, um den Lehrling auf der Straße bei Botengängen und beim Transport von kostbarem Edelmetall und wertvollen Münzen vor Überfällen zu schützen und als Vorbeugung gegen heimliches Verschwinden. Quelle: Historisches Museum Hannover

Dr.-Ing. Claus Wiechmann

Die Baugeschichte der Münze zu Clausthal von 1725 bis 1985

Einführung

Bis auf den heutigen Tag ist das Hauptgebäude der ehemaligen Münze in Clausthal eines der schönsten und repräsentativsten Gebäude der Stadt. Seine Lage und seine Gestaltung spiegeln die Bedeutung wieder, die dem Münzwesen zur Zeit seiner Erbauung zugemessen wurde.

In diesem Beitrag sollen aus der Sicht eines Architekten der Aufbau des Gebäudes auf den Fundamenten seines Vorgängerbaues und die Umbauten geschildert werden, die sich im Laufe der Zeit durch neue Nutzungen ergeben haben. Aus den Nutzungen des Gebäudes als Münze, als Verwaltungsgebäude und als Studentenwohnheim ergibt sich die Gliederung dieses Beitrages. In Abstimmung auf die übrigen Beiträge in diesem Heft — insbesondere auf die Nutzungsgeschichte — stehen bauhistorische, architektonische und bautechnische Aussagen im Vordergrund.

Dabei ist eine Beschränkung auf die mit dem Hauptgebäude zusammenhängenden Bauaktivitäten nicht möglich. Auch über das Schicksal der zahlreichen Nebengebäude der Münze, die als Randbebauung um einen Hof lagen, das Schmelzgewölbe, das Silberbrennhaus, die Kohlen- und Holzschuppen, die Kuh- und Pferdeställe, die Wagenremise, die Schmiede, die Materiallager, die Wachterstube, die Schuppen und die Außenanlagen wird deshalb berichtet.

Das Bauwerk als Münze 1725 bis 1849

Die Vorgängerbauten

Die "erste" Münze in Clausthal wurde von Herzog Christian von Lüneburg-Celle im Jahre 1617 in einem bestehenden herrschaftlichen Gebäude in Betrieb genommen. 1) Dieses Gebäude wurde 1674 durch Brand vernichtet und danach durch einen Neubau ersetzt.

Dieser Bau, die "zweite" Münze, ist deshalb für die "dritte" Münze, für das heute noch bestehende Gebäude, von Interesse, weil sie bereits mit einem Stoßwerk als Druckmünze ausgerüstet war, weil das Gebäude der "dritten' Münze auf den Fundamenten seines abgebrannten Vorgängerbaus errichtet wurde, und weil Raumprogramm, Grundrißorganisation und Fassadengliederung der neuen aus der abgebrannten Münze abgeleitet wurden. Auch der Vorgängerbau bestand nicht nur aus dem Hauptgebäude, sondern umfaßte, wie Abb. 1 zeigt, bereits das Schmelzgebäude und weitere Nebengebäude sowie Außenanlagen einschließlich Feuerlöschteich, die auf dem nördlichen Grundstücksteil angeordnet waren.

Das Aussehen des Hauptgebäudes der abgebrannten Münze ist aus verschiedenen Planunterlagen zu rekonstruieren. Zur Erhöhung der Leistungsfähigkeit und zur

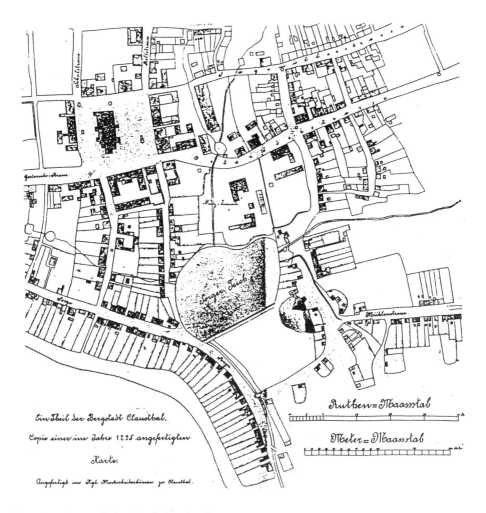

Abb. 1: Der Planausschnitt zeigt die Umrisse des vor dem Brand 1725 bestehenden Gebäudebestandes der Münze.   Quelle: unbekannt

Verbesserung der Prägeergebnisse wurde dieses Gebäude 1719 erweitert, um eine zweite Prägestube unterbringen zu können. 2) Aus dem Schriftverkehr zwischen den Behörden in Hannover und Clausthal ergibt sich, daß mehrere Vorschläge für die Erweiterung des Gebäudes diskutiert wurden, darunter eine Verlängerung des Gebäudes und Gebäudeanbauten. Dem Schreiben und Kostenvoranschlag vom 29. Mai 1717 ist die auf Abb. 3 dargestellte Zeichnung von Topp beigefügt, die die

Straßenansicht der abgebrannten Münze von Osten im bestehenden, wahrscheinlich idealisierten Zustand und als Vorschlag in einem um etwa 25 Fuß nach Norden verlängerten Zustand zeigt.

Dem in dieser Akte folgenden Schreiben vom 30. Juni 1717 ist ein Klappriß über einen Anbau nach Westen beigefügt, der im Jahre 1719 errichtet worden ist. Aus dem Klappriß geht hervor, daß im Erdgeschoß des Anbaus die zweite Prägestube und eine

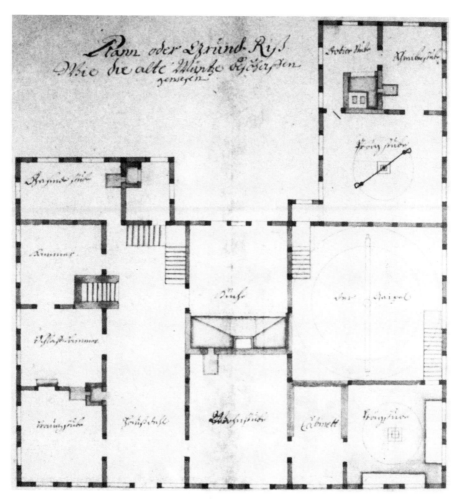

Abb. 2. Rekonstruktion des Erdgeschoß-Grundrisses der "zweiten", abgebrannten Münze. Wohnbereich und Münzbetrieb sind bis auf eine Türverbindung eindeutig getrennt.   Quelle: OBA 1696/3

Probierstube und im Dachraum eine Kammer für einen Münzbediensteten untergebracht wurden. Deutlich wird aus diesen Zeichnungen, daß es sich bei der abgebrannten Münze um ein zweigeschossiges Gebäude und um einen Fachwerkbau mit verputzten Gefachen handelte, der eine feingliedrige Fensterteilung aufwies.

In der Hauptakte 3) der neuen Münze sind mehrere Grundriß- und Ansichtszeichnungen der abgebrannten Münze enthalten, die im Vorfeld der Wiederaufbauplanung als Rekonstruktionsversuche zu bewerten sind, um Erkenntnisse für den Neubau zu gewinnen. Aus einem dieser Pläne — siehe Abb. 2 — sind Grundrißorganisation sowie Art und Anordnung der Räume im Erdgeschoß abzulesen. Über die Aufteilung des Obergeschosses liegt kein Plan bei. Anzunehmen ist, daß das Obergeschoß nur für Wohnzwecke genutzt wurde, weil vermutlich die Tragfähigkeit der Decke über dem Erdgeschoß die Aufstellung von Münzge-

Abb. 3. Alternative Straßenansichten der 1725 abgebrannten "zweiten" Münze oben ohne, unten mit Gebäudeverlängerung.　　Quelle: OBA 1304/9/Band I

rätschaften nicht erlaubte.

Bereits in der abgebrannten Münze sind die
Wohnräume eindeutig vom Münzbetrieb
im Hause getrennt. Ausgewiesen ist auch
ein Gaipel mit einer Lauffläche für Pferde
im Keller.

Der Vorstellung der Bediensteten in Clausthal, die Erweiterung des Gebäudes durch
Verlängerung nach Norden zu realisieren,

folgte die Kammer in Hannover nicht. Sie
hielt die Argumente gegen einen Anbau,
schlechte Bodenverhältnisse und Ein-
schränkung der Belichtungs- und Belüf-
tungsmöglichkeiten für die bestehenden
Räume, für nicht stichhaltig und entschied
sich für den Anbau, der im Jahre 1719 errichtet wurde. 4)

Die Brandkatastrophe

In der Nacht vom 24. auf den 25. März 1725 brach in Clausthal ein Feuer aus, das sich schnell zu einem Großbrand entwickelte. Dem Augenzeugenbericht des Vizeberghauptmannes von Heimburg vom 26. März 1725 ist zu entnehmen, daß der Brand sich in mehreren Wellen entwickelte und die Münze in einer zweiten Welle erfaßte, von wo er sich dann auf beiden Seiten der Osteröder Straße ausbreitete. Dieser Bericht schließt mit folgenden Worten:

"Im übrigen verstelle zu Ew. Excellentien und Hochwohlgeb. beliebigen Verfügung, ob es nicht gut seyn werde, einen geschickten Baumeister schleunig anhero zu schicken, der von einem neuen Müntz-Gebäude, welches nicht lange entrahten werden kann, auch allenfalß dem Amt- und Rahthause einen Plan, nebst einem Anschlage verfertigen, wornach die Materialien in Zeiten können angeschaffet, fürnemlich aber das benöhtigte Bauholz, ehe der Safft noch mehr in die Bäume triebt, respective gehauen und angefahren werdem." 5)

Aus verschiedenen Schriftstücken ergibt sich, daß neben dem Hauptgebäude der Münze die Wassertröge und das Dach des Schmelzgebäudes abbrannten. Die anderen Nebengebäude sind dagegen vom Feuer verschont geblieben.

Darauf weist das Schreiben des Vizeberghauptmannes vom 31. März 1725 hin, nachdem "das Silberbrennen in dem stehengebliebenen Hause nach wie vor geschehen kann und fortgeführt werden soll". 6) Diese Annahme wird durch den Schriftverkehr in den Jahren 1728 bis 1732 über den Neubau von Münzstall und Kohlenschuppen sowie Münzschmiede wegen Baufälligkeit dieser Gebäude bestätigt. 7)

In dem Schreiben an den Berghauptmann vom 27. März 1725 wird aufgeführt, daß alles Geld und Silber, das in der Münze vorhanden gewesen ist, "Gottlob gerettet werden konnte." 8) Auf Anweisung der Kammer in Hannover vom 28. März 1725 wurden diese Werte im Gewölbe der Witwe Zehntnerin Berward in sichere Verwahrung gebracht und nachts durch eine Schildwache bewacht. 9)

Um den "Umgang", den Betrieb der Bergwerke, aufrecht erhalten zu können, wird es in diesen Anweisungen als das Notwendigste erachtet, eine neue Münze zu bauen und das dazu benötigte Eichenholz aus den Amtsforsten durch Verfügung an den Oberjägermeister von Oyn bereitzustellen.

Der danach folgende umfangreiche Schriftverkehr zeigt, wie intensiv und unbürokratisch sich Bedienstete und Behörden in Clausthal und Hannover — aber auch in den Nachbargemeinden — für die Linderung der Notsituation der Bevölkerung, für den Aufbau der herrschaftlichen Gebäude und in diesem Zusammenhang auch für die Münze eingesetzt haben.

Verfahren/Architekten

Laut Verfügung der Berghauptmannschaft mußten ab 1698 Baumaßnahmen für herrschaftliche Gebäude vor Baubeginn veranschlagt und nach Baufertigstellung abgerechnet werden. 10) Dieses Verfahren wurde bei Neubauten, aber auch bei Umbauten und umfangreicheren Reparaturmaßnahmen eingehalten.

Die Kammer in Hannover forderte Risse und Kostenanschläge an und gab damit die Planung frei. Nach alternativen Vorüberlegungen wurde ein Bericht mit den entsprechenden Unterlagen von der Berghauptmannschaft an die Kammer in Hannover gesandt.

Nach Prüfung dieser Unterlagen wurde das Vorhaben freigegeben und die Zehntkasse angewiesen, die Mittel auszuzahlen. Nicht ungewöhnlich waren die Anforderungen von Alternativvorschlägen zur Kosteneinsparung oder Auflagen in Verbindung mit der Freigabe.

Die Baudurchführung beaufsichtigte ein dafür eingesetzter Beamter, der alle Lieferungen und Leistungen auf Belegen quittierte und in einer Baurechnung zusammenfaßte. Diese Baurechnung überprüfte die Revison. Zu den schriftlich festgehaltenen Prüfbemerkungen mußte der mit der Bauführung beauftragte Beamte Erläuterungen vorlegen. Erst nach Abschluß dieses Verfahrens wurde die Baumaßnahme abschließend von der Kammer in Hannover ratifiziert.

Für den Wiederaufbau der herrschaftlichen Gebäude in Clausthal entsandte die Kammer in Hannover den Architekten Reets und den Land- und Amtsbauschreiber Vick zur Unterstützung einer Baukommision nach Clausthal, der der Vizeberghauptmann von Heimburg, der Hofrat von Thieden, der Drosten Alwensleben und der Zehntner Hattorf angehörten. Oberster Beamter der Berghauptmannschaft war zu dieser Zeit der Berghauptmann von dem Busche.

Die Bauaufsicht, die Materialbeschaffung und die Rechnungslegung für den Münzbau oblag dem Bergschreiber Schacht. Man hielt es nicht für erforderlich, einen besonderen Bauschreiber einzustellen. Da Schacht auch die Materialanlieferungen für den Wiederaufbau der Häuser der Bergleute betreute, billigte man ihm für die viele Mühe und Arbeit, die er damit hatte, eine zusätzliche Vergütung von drei Groschen je Woche zu. 11)

Der Revisor Elias prüfte die Baurechnung. Den Auftrag über die Zimmermannsarbeiten erhielt der Oberkunststeiger Schwarzkopf. Als Bildhauer für die Herstellung der Inschriften, Wappen und Ornamente über den Türen zur Osteröder Straße wurde Johann Hertig beauftragt. Beide Auftragsschreiben sind in der Hauptbauakte enthalten. 12)

Der Architekt Reets war erst kurze Zeit vorher in Hannover als Hofarchitekt angestellt worden. Im Schreiben an den Berghauptmann kündigt die Kammer in Hannover seine Abstellung nach Clausthal mit dem Hinweis an, ihn beim Wiederaufbau des abgebrannten Amtshauses und der Münze einzusetzen. 13) Er war vermutlich mit der Oberaufsicht über die Landesbauten betraut.

Mit ihm und dem Bauschreiber Vick waren für den Wiederaufbau in Clausthal zwei erfahrene Architekten abgestellt. Beide arbeiteten offensichtlich an einzelnen Bauplanungen eng zusammmen.

Das war beabsichtigt und geht eindeutig aus dem Schreiben an die Baukommission vom 0.8. Januar 1726 hervor, in dem Risse und Anschläge für das Zehnthaus angefordert werden. die "entweder von dem Architekt Reets oder Baumeister Vick oder auch von jedem besonders verfertigt werden" sollten. 14)

Erstaunlich ist die schnelle Terminfolge:

25. März 1725	Brand der Münze
16. April 1725	Freigabe der Planung
danach	alternative Planungen und mehrere Kostenvoranschläge
02. Juni 1725	Baugenehmigung
im Juni 1725	Baubeginn
29. Aug. 1725 bis 08. Sept. 1725	Richtarbeiten Bauzeit etwa 24 Monate
im Mai 1727	Baufertigstellung
danach	Abrechnung Revision (Rechnungsprüfung) Beantwortung der Revision
05. März 1733	Bauabschluß durch Ratifizierung

Mit Schreiben vom 16. April 1725 wurden die vorbereiteten Planungen für Amtshaus und Münze von Hannover mit der Auflage freigegeben, daß die Münze baldmöglichst wieder aufgebaut werden möge. Zur Münze heißt es:

"Wegen des Müntz-Gebäudes geht unsere intension dahin, daß daßelbe ebenfallss auf den vorigen Platz gebauet, auch so wie es vorhin gewesen, eingerichtet werden sollte,

es wäre dann, daß in einigen, den Haubt-Bau nicht altenierenden Stücken, eine Verbeßerung zu machen stünde, welches Wir eurer und der übrigen Committierten Ermeßigung anheim geben. Zu unnöhtigen Kosten aber wollen Wir Uns nicht engagirt wißen, sondern Uns ist am meisten daran gelegen, daß die Müntze ohne Weitläufigkeit wiederum in vorigen Stand und Gang gebracht werden möge.
Zu eurer Nachricht dienet, daß Wir den Land- und Ambtsbau-Schreiber Vicken befehligen laßen, sich nach dem Hartz zu begeben, und dieser Bau-Commishion mit beyzuwohnen, dißen ihr auch als zur Verfertigung der Riße und Anschläge bedienen könnet.

Wir Hannover, den 18ten Aprilis 1725. Ad Mandatum Speciale." 15)

Mit vorbereitenden Arbeiten war in Clausthal schon vorher begonnen worden. Dazu gehörte nicht nur der Holzeinschlag, der sofort nach dem Brand angeordnet und für das benötigte Eichenholz freigegeben worden war, sondern vermutlich auch die Anfertigung von Rissen "wie die alte Münze beschaffen gewesen". 16)

Nach alternativen Vorüberlegungen wurden die Risse und Kostenvoranschläge für das neue Gebäude erarbeitet und über die Berghauptmannschaft in Hannover eingereicht. Die Zustimmung und die Freigabe der Mittel erfolgte mit dem abgebildeten Schreiben in Abb. 4 mit folgendem Text:

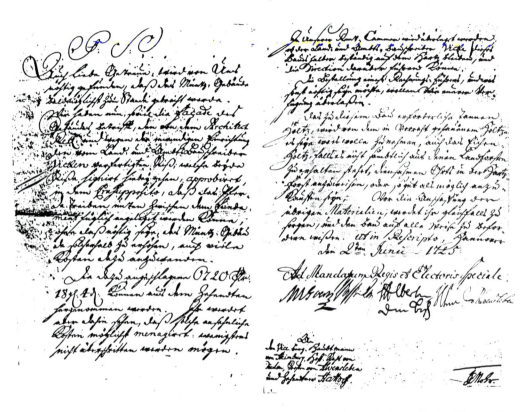

Abb. 4. Das abgebildete Schreiben der Kammer in Hannover umfaßt die Genehmigung für den Wiederaufbau der Münze, die Freigabe der Mittel und einzelne Auflagen. Quelle: OBA 1696/3

"Euch liebe Getreuen, wird von Uns nöhtig gefunden, daß das Müntz-Gebäude baldmöglichst zum Stande gebracht werde. Wir haben nun, soviel die Fascade des Gebäudes betrifft, den von dem Architekt Retz und wegen der inwendigen Einrichtung den vom Land- und Ambts-Bauschreiber Vicken verfertigten Riß, welche beyde Riße signirt hiebey gehen, approbiret, in dem Crahupposito (Annahme), daß das Pferde-Treiben unten zwischen dem Fundament füglich angeleget werden könne, ohne daß nöhtig seyn, daß Müntz-Gebäude solcherhalb zu erhöhen, auch viele Kosten dazu anzuwenden.

Die dazu angeschlagenen 6720 Taler, 18 Groschen, 4 Pfennige können aus dem Zehenten hergenommen werden. Ihr werdet aber dahin sehen, daß solche ansehnliche Kosten möglichst menagiret, wenigstens nicht überschritten werden mögen.

In unserer Rent-Kammer wird überlegt werden, ob der Land- und Ambts-Bauschreibern Vicke, dieses Baues halber beständig auf dem Hartz bleiben, und die Direction darüber führen könne.

Die Bestellung eines Rechnungs-Führers, und was sonst nöhtig seyn möchte, wollen wir eurer Verfügung überlaßen.

Das zu diesem Bau erforderliche Tannen-Holtz, wird von dem in Vorraht gehauenen Holtze, es seyn wo es wolle zu nehmen, auch das Eichen-Holtz, falls es nicht sämbtlich aus denen Landforsten zu erhalten stehet, diensahmen Ohrts in der Hartzforst anzuweisen, oder so gut als möglich anzukaufen sein. Vor die Anschaffung der übrigen Materialien, werdet ihr gleichfalls zu sorgen, und den Bau auf alle Weise zu befordern wißen.

est in Rescripto, Hannover den 2ten Juni 1725.

Act Mandatum Regis et Electoris Speciale.''

Baukörper/Fassadengestaltung

Die Architekten Reets und Vick bauten nicht nur die herrschaftlichen Gebäude Münze, Amtshaus, Zehnthaus und Rathaus, sondern auch Häuser von Beamten. Trotz unterschiedlicher Größe und Nutzung der Gebäude wurde durch den Einsatz dieser höfischen Baumeister in Clausthal und den Wiederaufbau in kurzer Zeit eine einheitliche Formensprache entwickelt, die das Gesicht der Stadt im 18. Jahrhundert entscheidend prägte.

Lage und Ausrichtung der neuen Münze wurden gegenüber dem Vorgängerbau nicht verändert, da das neue Gebäude auf den Fundamenten des abgebrannten errichtet wurde. Deshalb ergab sich durch den Wiederaufbau keine Veränderung der vor dem Brand bestehenden stadträumlichen Situation. Das in einem großen Garten freistehende Gebäude entsprach dem Repräsentations- und Sicherheitsbedürfnis seiner Zeit und der Nutzung.

Im Gegensatz zu den Bergmannshäusern bevorzugte man für herrschaftliche Häuser rechtwinklige, langgestreckte, zwei- bis dreigeschossige Baukörper ohne Anbauten. Die große Tiefe der Häuser führte zu hohen Dächern, die nicht wie bei den Bergmannshäusern in steilen Giebeln, sondern in Vollwalmen endeten. Die geschlossenen Dachflächen unterbrachen nur wenige Gauben als Belichtungselemente und Dachaustritte sowie Schornsteine im Firstbereich. Das neue Münzgebäude ist ein typisches Beispiel für diese Bauform.

Gliederung und Gestaltung der Fassaden erfüllten ebenfalls repräsentative Ansprüche. Die Fassade der Münze zur Österöder Straße hat einen streng symmetrischen Aufbau, betont durch zwei Portale, eine ursprünglich geplante Frontispice und symmetrisch angeordnete Gauben und Schornsteine. Die zwei Portale weisen auf die zwei Nutzungen Wohnbereich und Münzbetrieb im Gebäude hin und entsprechen formalen Vorstellungen, die bereits 1719 bei den Vorplanungen zur Vergrößerung des Vorgängerbaues überlegt und dargestellt wurden.

In der Ansichtzeichnung — siehe Abb. 5 — ist die Tür zum Wohnbereich als Hauszugang gegenüber der Blindtür zum Münzbetrieb grafisch betont worden, die, wie die Baurechnung und der Ausbau bei der Sanierung im Jahre 1989 bewiesen, auch als Blindtür eingebaut wurde und nie gängig war.

Über die in der Ansichtszeichnung zur Betonung der Mittelachse noch enthaltene Frontispice bestanden offensichtlich unterschiedliche Ansichten. Sie durfte auf Anweisung aus Hannover zugunsten einer reichen Ausschmückung der beiden seitlichen Portale nicht ausgeführt werden. 17) Diese Entscheidung entspricht dem sachlichen Barockstil des Gebäudes und betont die klare Gliederung und die eindeutigen Proportionen der Fassade.

Trotz des Aufwandes bei der Bauunterhaltung von Fachwerkbauten wurde ein unverkleideter Fachwerkbau mit verputzten Gefachen errichtet. Der Reiz, den das Spiel zwischen den horizontalen Geschoßgliederungen und der vertikalen Fachwerkstruktur hatte, ist aus den Ansichtszeichnungen deutlich abzulesen.

Abb. 5: Straßen- und Seitenansichten sowie Querschnitt des Hauptgebäudes nach einer der Hauptbauakte beiliegenden Zeichnung. Im Obergeschoß erkennt man den Glühofen und das durch einen Pferdegaipel im Keller über Zahnräder angetriebene Walzwerk.   Quelle: OBA 1696/3

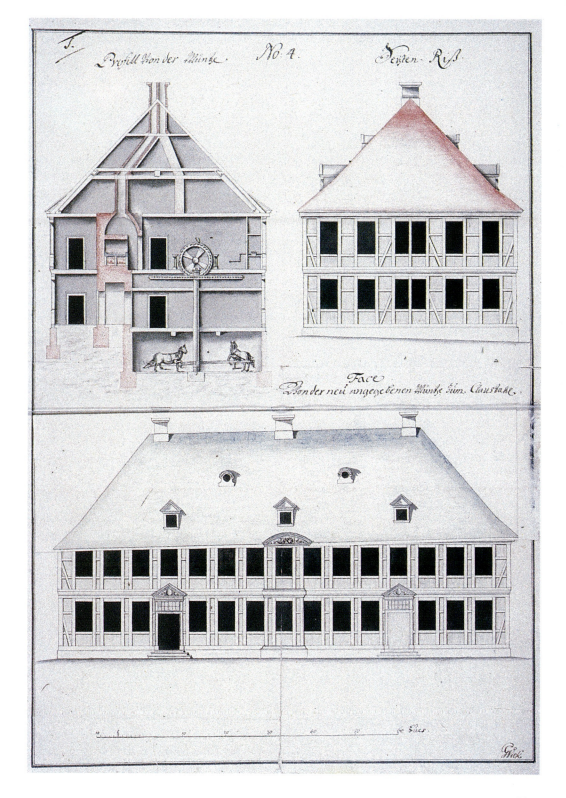

Grundrißorganisation

Die neue Münze wurde auf den Fundamenten der abgebrannten Münze errichtet. Erhalten geblieben und übernommen worden sind der Keller unter dem Wohnbereich und der Keller für das Pferdetreiben; darüberhinaus die Lage der Wohndehle und der Gaipelachse. Diese Vorgaben stellten wesentliche Bindungen für die Grundrißentwicklung in dem um 30 Fuß verlängerten Baukörper dar.

Raumbedarf und Grundrißorganisation wurden offensichtlich aus dem Vorgängerbau entwickelt. Zur Verfügung standen dafür wahrscheinlich die Planunterlagen über den Umbau der abgebrannten Münze und Rekonstruktionen von Grundrissen und Ansichten dieses Gebäudes.

Basierend auf diesen Grundlagen wurden mehrere Vorentwürfe für die neue Münze angefertigt. Aus den in der Hauptbauakte enthaltenen Unterlagen sind drei Lösungen erkennbar, die eine deutliche Entwicklung bis hin zu dem letztendlich errichteten Gebäude zeigen.

Leider ist der Grundriß, der in Hannover zur Genehmigung eingereicht wurde, in den Akten nicht mehr enthalten. Er dürfte jedoch im Prinzip dem in Abb. 7 dargestellten Grundriß entsprochen haben, der 1847 vor der Umnutzung der Münze zum Verwaltungsgebäude als Istaufnahme für das Erdgeschoß und das Obergeschoß entstand.

Gegenüber der Bauform des Vorgängerbaus mit Anbauten wurde ein langgestreckter Baukörper vorgezogen. Übernommen wurde im Grundriß die eindeutige Trennung zwischen Wohnbereich und Münzbetrieb.

Wie beim Vorgängerbau war das Pferdetreiben für den Gaipel im Keller vorgesehen. Im Gegensatz dazu wurde jedoch das Streck- und Walzwerk mit den Justier- und Geschäftsstuben im Obergeschoß untergebracht, so daß im Erdgeschoß ausreichende Flächen für zwei Prägestuben und Nebenräume zur Verfügung standen. Damit erstreckte sich der Münzbetrieb über zwei Etagen.

Beide Etagen des Münzbetriebs, Erd- und Obergeschoß, wurden im Hause intern durch eine in der Längsachse des Hauses liegende Treppe verbunden, die an einer L-förmigen Dehle lag. Im Gegensatz zum Wohnbereich war diese Dehle nur vom Münzhof aus über eine Differenztreppe zugänglich.

Der Erschließung des Wohnbereichs diente eine zweite, das Haus quer durchlaufende Dehle, die zu einer großzügigen barocken Treppenanlage führte. Der Hauptzugang zu dieser Dehle erfolgte von der Osteröder Straße, der Nebenzugang über eine Differenztreppe vom Münzhof.

Münz- und Wohnbereich waren teilunterkellert. Zu erreichen war der Keller des Münzbereichs, in dem der Gaipel durch Pferde angetrieben wurde, über den Nordgiebel und eine schräge Ebene unter der Treppe über einen Pferdegang. Der Zugang zum Keller unter dem Wohnbereich lag unterhalb der Treppe in der Dehle und erfolgte — wie in vielen Patrizierhäusern der damaligen Zeit üblich — über einen Treppenhals rechtwinklig zur Dehle. Die Kellerräume unter dem Wohnteil waren überwölbt.

Die einzelnen Räume wurden mit Öfen beheizt. Diese Öfen konnten von ''Vorgelegen'' aus bedient werden, massiven Räumen mit Steinfußböden und Eisenblechtüren, die von außen, von den Fluren aus zu betreten waren. Zum Wohnbereich gehörte im Obergeschoß ein großer Saal mit einem Kamin. Im Obergeschoß fällt darüberhinaus besonders der dem Streckwerk zugeordnete Glühofen auf, unter dem im Erdgeschoß ein Gewölbe lag, in dem vermutlich Silber und Münzen kurzfristig aufbewahrt werden konnten, bevor sie mit dem Silberwagen zur Zehntkasse im Nachbargebäude gebracht wurden.

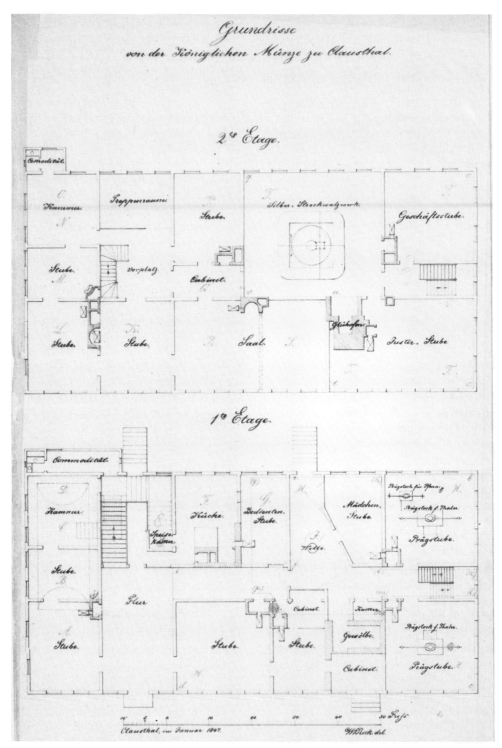

Abb. 6. Grundrißzeichnung des Erd- und des Obergeschosses der Münze, die den Baubestand und die Raumnutzungen im Jahre 1847 vor Umbau zum Verwaltungsgebäude wiedergeben. Quelle: OBA 1699/17

Die Abtritte — im Plan Commodität genannt — waren in einem Anbau untergebracht und vom Obergeschoß als Einsitzer, vom Erdgeschoß als Zweisitzer aus zugängig.

Ausbau und Nutzung des Dachgeschosses waren offensichtlich nicht erforderlich. In der Baurechnung wird nur der Ausbau einer Rauchkammer aufgeführt.

Bauwesen/Baumaterialien

Aus der nach der Baudurchführung aufgestellten Baurechnung 18) sind alle Bauleistungen und auch Art und Herkunft der Materialien zu entnehmen. Diese Quelle und der bei der Sanierung aufgefundene Bestand gestatten eine detaillierte Beschreibung von Bauweise und Materialien, die hier nur auszugsweise wiedergegeben werden kann.

Das vom Vorgängerbau her bestehende Keller- und Fundamentmauerwerk blieb soweit möglich erhalten. Nur die durch den Brand in Mitleidenschaft gezogenen oberen Schichten wurden abgetragen. Danach wurde das vorhandene Mauerwerk mit Bruchsteinen — mit fertig bearbeiteten "rauhen Steinen" — aus dem Bruch auf dem Rosenhof ergänzt und im Bereich der Gebäudeverlängerung neu aufgebaut.

Die Fachwerkkonstruktion des Gebäudes besteht außen aus Eichenholz und innen aus Tannenholz. Das Eichenholz stammt aus den "Hertsberger" und Osteröder Forsten und Sägemühlen.

Die äußeren Gefache schloß man mit massiven Holzprofilen, mit Ausladehölzern. Die Fugen zwischen den Holzprofilen wurden mit Moos verstopft. Die Gefache erhielten außen einen Kalkputz auf diagonal liegenden Putzleisten.

Die Gefache der Innenwände wurden teilweise mit Ausladehölzern ausgefacht, teilweise mit Ziegeln, sogenannten Barrensteinen, ausgemauert, teilweise als Wellerwände geschlossen, das heißt mit Stöcken und lattenförmigen Holzprofilen, Stroh und anschließend einem Bewurf aus Lehmputz versehen. Zu diesem Zweck mußten Stöcker, Holzprofile, Stroh, weiße und schwarze Haare, Lehm und Sand angeliefert werden.

Der Dachstuhl ist als Kehlbalkenkonstruktion mit zwei verschieblichen Kehlriegeln ausgebildet. Der Horizontalschub jedes Gebindes wird durch die Deckenbalken des Obergeschosses aufgenommen und an die aussteifenden Wände oder zum gegenüberliegenden Sparrenfußpunkt weitergeleitet. Zusätzlich ist unter jedem vierten oder fünften Sparrengebinde eine Sprengwerkkonstruktion als liegender Stuhl angeordnet, der die Mittelpfette als Auflager des unteren Kehlriegels abfängt. Das Sprengwerk ist mit Kopfbändern versehen und gibt seinen Horizontalschub gleichfalls an die Deckenbalken ab. Durch den liegenden Stuhl blieb der Bodenraum trotz der großen Tiefe des Gebäudes stützenfrei.

Das Dach erhielt eine Dielenverschalung als Unterlage für eine Schieferdeckung. Der Schiefer wurde von Bergschreiber Schacht mit Schreiben vom 20. Juni 1725 19) als guter schwarzer Schiefer in beschlagener Form bestellt und kam vom Ohrtberge aus Goslar. Die Dachverwahrungen an Schornsteinen und Gauben sowie die Rinnen bestanden aus Bleiblech.

Während der Vorplanung ist offensichtlich alternativ auch eine Ziegeldeckung diskutiert worden. Darauf weisen die in Form eines Klapprisses auf die Ansichtszeichnungen aufgebrachten Farbvarianten in rot und in grün-blau und die in den ''ohngefähren'' Anschlägen für das Ziegeldach aufgeführten Kostenansätze hin. 20)

Obwohl das Schieferdach auf Schalung mit rund 894 Talern erheblich teurer war als das Ziegeldach auf Lattung mit 224 Talern, wurde Schiefer verlegt.

Eingebaut wurden Fenster aus Eichenholz mit vier Flügeln, die eine Bleiverglasung aus gutem hellen Glas erhielten. Zwei Flügel waren vermutlich seitlich verschiebbar — in Form des Unterharzer Schiebefensters — im Gegensatz zum Oberharzer Schiebefenster, das der Architekt Reets beim Wiederaufbau des Amtshauses als großes, senkrecht hochschiebbares Fenster, als ''englisches Fenster'', einführte.

Mit geschliffenen Sollinger Platten — ''Legesteinen'' — wurden Wohndele, Speisekammer, die Böden unter den Öfen und um den Kamin im Saal und die Vorgelege gepflastert.

Der Tischlermeister Johann Michael Borngräber führte folgende Arbeiten aus:

- die Verschalung des Bodens mit rauhen Dielen,
- das Ausarbeiten und Ausschalen der Dachgesimse,
- das Belegen des Dachbodens mit Dielen,
- das Legen von Lagerhölzern und das Verlegen der Holzfußböden im Hause,
- sämtliche Fensterrahmen, Zargen- und Innenbekleidungen aus Eichenholz,
- die Anfertigung sämtlicher Treppen und Geländer der Haupttreppe aus Eichenholz mit ''durchbrochenen Gelenther'', der Treppe zum Boden einschließlich einer Schlafstelle und eines Schrankes darunter,

- die Herstellung von 27 Innentüren, 8 Kamintüren, 1 doppelflügeligen Eichentür zum Gaipel, 1 Kellertür und 4 Außentüren, letztere einschließlich der Bekleidungen, der Bedachungen an der Ost- und der Türoberlichter an der Westseite,
- das Abschlagen einer Speisekammer auf der Hausdehle einschließlich der ''inwendigen Regale und der darüber gemachten Schlafstelle'',
- das Abschlagen von zwei ''Cabinettes'' über dem Gaipel in der Dehle des Münzbetriebes und der Ausbau zur Schlafkammer,
- Anfertigung von Möbeln wie Anrichten, Regalen, Schränken und
- das Abschlagen einer Rauchkammer auf dem Boden mit rauhen Dielen.

Bei den im ''Verding'' ausgeführten Arbeiten der Maurermeister Hans Reuhl und Johann Peter Holsten wird nicht nur das Lehm- und Kalkmauerwerk sowie das Ausmauern von 876 Gefachen abgerechnet, sondern auch die Vorgelege für die Ofenheizung, nämlich 4 ''Einsitz Camina'' im Erdgeschoß und 3 Stück im Obergeschoß.

Bei diesen ''Camina'' handelte es sich um kleine, allseitig abgemauerte und durch eine Tür vom Flur oder einem anderen Raum zugängige Räume, aus denen sich die Öfen heizen ließen und die sich nach oben zu besteigbaren Schornsteinzügen verengten, über die die Abgase aus den Öfen über Dach geführt wurden. Der Boden dieser aus brandschutztechnischen Überlegungen angelegten Räume war mit Steinplatten, also einem nicht brennbaren Material, belegt.

Auch der Glühofen mit Grundmauerwerk, Probiergewölbe und Schornsteinen wurde durch diese Maurermeister erstellt. Die Feuerstelle in der Probierstube und der Küchenherd wurden durch Brandmauern von der Fachwerkkonstruktion abgegrenzt, der Boden vor den Feuerstellen gepflastert.

Bauabrechnung/Baukosten

Die Hauptbauakte enthält auch die Bauabrechnung 21) in Form eines 33 × 20 cm großen gebundenen Buches, in das von dem damit beauftragten Bergschreiber Wilhelm Ernst Schacht sämtliche Einnahmen und Ausgaben eingetragen wurden, die sich beim Wiederaufbau der Münze ergaben. Außerdem sind diesem Buch die Prüfbemerkungen des Revisors Elias und die Beantwortung seiner "Notata" zu entnehmen.

Einnahmen und Ausgaben schließen mit 7.031 Talern, 6 Mariengroschen und 3 Pfennigen ab. 36 Mariengroschen entsprachen einem Taler und 8 Pfennige einem Mariengroschen. Die Einnahmen setzten sich aus Barzahlungen aus der Zehntkasse und dem Verkaufserlös für alte Materialien zusammen.

Die Ausgaben wurden Gewerken oder Sachgruppen zugeordnet. Für jede Ausgabe wurden Quittungsnummern, Quittungsdatum, Sachverhalt und Auszahlungssumme aufgeführt. Der Sachverhalt umfaßt Art und Umfang der Leistungen bis hin zu Abmessungen, die einem Aufmaß gleichzusetzen sind.

Diese Eintragungen entsprechen einem ausführlichen Bautagebuch. Sie erlauben sichere Rückschlüsse über Bauablauf, Bauzeit, Art und Herkunft der Materialien sowie über die Kostenstruktur, das Verhältnis von Material-, Lohn- und Transportkosten. Die Quittungen selbst sind in der Bauakte nicht enthalten. Die abgebildeten Auszüge aus der Baurechnung, Abb. 8, zeigen die Kostenzusammenstellungen der Ausgaben und damit auch die Grobgliederung der Kosten.

Eine detaillierte Auswertung der Abrechnung würde den Rahmen dieses Beitrages sprengen. Zusammenfassend sind jedoch folgende Aussagen von Interesse:

- das Rohbau-/Ausbau-Kostenverhältnis beträgt etwa 60:40.

- das Material-/Transport-/Lohnkostenverhältnis beträgt etwa 30:25:45.

Das bedeutet, daß etwa ein Viertel der Gesamtkosten für den Transport der Materialien aufgewendet werden mußte, bedingt durch die damaligen Wege- und Straßenverhältnisse, durch primitive Transportmittel, und durch die Notwendigkeit, viele Materialien aus dem Harzvorland in den Oberharz bringen zu müssen.

Deutlich wird auch, daß möglichst viele Handwerkerleistungen am Bau im "Verding" in Form von Werkverträgen vergeben wurden, die eine feste Vergütung für die Herstellung einer bestimmten vertraglich geregelten Handwerkerleistung vorgaben. Die Quittung 226 stellte den Ausgabenbeleg für die im "Verding" vergebenen Zimmermannsarbeiten dar:

"Dem Oberkunststeiger Schwartzkopf, so das Gebäude laut Contracts' woll und rißmäßig zu verarbeiten verdungen, auch nach und nach incl. 16 Taler Gesellen Trinkgeld, bezahlt worden... 391 Taler."

Die damals offensichtlich üblichen Trinkgeldauszahlungen nach Fertigstellung der Arbeit sind bei fast allen Gewerken vermerkt worden.

Einzel- und Zusatzleistungen führten Tagelöhner aus, die wochenweise erfaßt und für die folgende Tagelöhne vereinbart wurden:

für Meister	von 10 bis 12 Groschen,
für Gesellen	von 9 bis 10 Groschen und
für Handlanger	von 4 bis 6 Groschen.

Stundenlöhne wurden mit 1 Groschen je Stunde für den Gesellen und mit 4 Pfennigen je Stunde für den Handlanger abgerechnet. Jeder Beschäftigte ist in der Baurechnung namentlich aufgeführt.

Die heutigen Baukosten würden, ausgehend von der Bruttogeschoßfläche (BGF) des Gebäudes von 1.300 m² und einem Kostensatz von etwa 2.000,-- DM/m² BGF, etwa 2,6 Millionen betragen. Damit würde der Wert des Talers einem Neubauwert von etwa DM 352,-- entsprechen.

Abb. 7. Deckseite des gebundenen Baurechnungsbuches und als Auszug die Zusammenstellung der Bauausgaben, aus der die Grobgliederung dieser Kosten hervorgeht.
Quelle: OBA 1696/3, Baurechnung

Bauunterhaltung

Eine Sonderakte 22) umfaßt den Schriftverkehr zwischen Bediensteten im Amtshaus, in der Münze, der Berghauptmannschaft zu Clausthal und der Königlichen Cammer in Hannover aus dem Zeitraum von 1736 bis 1818. Zusammengefaßt sind in dieser Akte Vorschläge, Anträge, Verfügungen und Abrechnungen "Anschaffung und Reparatur verschiedener, zum Münzbetrieb erforderlichen Gerätschaften" betreffend.

Erfaßt werden auch die in diesen Jahren erforderlich gewesenen Reparaturarbeiten an den Münzgebäuden.Durch "Ausschreiben" der Kammer wurde dafür das Verfahren festgelegt. Im Schreiben vom 27.12.1796 heißt es:

"Es sind bediente und Pächter, welcher herrschaftliche Gebäude im Gebrauch haben, nach verschiedenen desfalls ergangenen Vorschriften schuldig, die ihnen eingegebenen Gebäuden im Dach und Fach, auch baulichem Wesen auf eigene Kosten im Stand zu halten."

Das bedeutete, daß kleine Baureparaturen zur Vereinfachung der Geschäftsführung von den Nutzern herrschaftlicher Gebäude aus eigenen Mitteln bestritten werden mußten.

Die Abgrenzung und Auflistung dieser Maßnahmen hat offensichtlich immer wieder zu Beanstandungen geführt, so daß die entsprechenden Vorschriften oft geändert wurden.

Die in der Akte vorhandenen Vorgänge sind chronologisch geordnet, der älteste Vorgang aus dem Frühjahr 1736 betrifft einen Schieferbeschlag an den beiden Wetterseiten des Münzgebäudes "so in allem 100 Fuß lang und 50 Fuß breit". Aus einem Schreiben an die Berghauptmannschaft ergibt sich, daß dafür 181 Taler, 31 Groschen und 4 Pfennige ausgegeben werden mußten. Lobend

wird vermerkt, daß "nach dem Anschlage von 241 Talern ein ziemliches erspart worden ist." Aus den Maßangaben in der Rechnung ist zu schließen, daß eine Längs- und eine Giebelseite des Gebäudes bereits 1736 mit Schieferbekleidung auf einem Dielenbeschlag versehen wurde.

Die danach folgenden Einzelvorgänge betreffen zahlreiche Anschaffungen und Reparaturarbeiten, so zum Beispiel:

Im Jahre 1736

zahlreiche Einzelreparaturen an Gebäude und Gerät, insbesondere Verfertigung neuer Sand- und Gießkasten, sowie Reparaturen am Stoßwerk.

Im Jahre 1737

Reparaturen am Glühofen, Anlage eines neuen Torweges und einer Tür, neue Pflasterung des Fußbodens im kleinen Laboratorium und Neuanlage eines Zaunes zum Illingschen Haus hin.

Im Jahre 1738

Anschaffung einer neuen Glühpfanne und eines neuen Glühofens. Anfertigung einer neuen Schraube im Stoßwerk. Außerdem zahlreiche Einzelreparaturen an Außenanlagen und Gebäuden.

Im Jahre 1740

Anschaffung eines neuen Silberwagens. In der Rechnung taucht der ausdrückliche Hinweis darauf auf, daß der Maler diesen Wagen angestrichen und dabei auch den Namen seiner Königlichen Majestät und die Krone berücksichtigt hat. Aufgeführt werden außerdem die Anschaffung von zwei kupfernen Probeschalen, von neuen Glühpfannen, von großen Schrauben zum Prägen und eine umfangreiche Reparatur des Münzofens. Beantragt wird der Neubau eines Schuppens für die Gerätschaften mit mehreren Kammern, da der alte Schuppen dermaßen "faul" ist, daß sein Einfall drohe.

Im Jahre 1745 bis 1747

"Flick"-Arbeiten in der Kinderstube. Reparatur der Wände und der beiden zum Hofe führenden Außentreppen der Münze sowie des Hofpflasters und der Mauern im Teich.

Aussetzung des Gaipels mit Hölzern. Dachreparaturen an den Hintergebäuden, am Kohlenschuppen, Laboratorium und Schmelzgewölbe. Umdeckung des Daches auf dem Hintergebäude, Verlegung von Hohlziegeln. Arbeiten an der Umzäunung. Ausmauerung eines Grabens zur Abführung des Wassers.

Im Jahre 1748
Arbeiten an der Umzäunung. Neuaufbau eines geborstenen Schornsteines, Einsetzen neuer Fenster, Dachreparaturen, Zimmerarbeiten, Arbeiten am Walzwerk.

Im Jahre 1753
Ausbesserung von offensichtlich erheblichen Schäden am Glühofen, den Pfannen und am Stoßwerk. Festgestellt werden außerdem Schäden an der Laufffläche für die Pferde am Gaipel.

Im Jahre 1754
Anbau eines neuen Abtrittes an das Münzgebäude. Verfertigung einer neuen Mutter für den Prägestock, neuer Pfannen und eines neuen Schmelzofens. Antrag, die reparierte Sohle des Gaipels vollständig zu erneuern mit der Begründung, daß die Reparatur sich nicht bewährt hat. Neue Glühpfanne.

Im Jahre 1758
Anfertigung einer neuen Glühpfanne und eines neuen Glühofens. Anschaffung eines neuen Siedekessels und eines neuen Silberwagens.

Im Jahre 1759 und 1760
Schlemm berichtet am 23. August 1760, daß durch die Invasion französischer Truppen Münzarbeiten nur in begrenztem Umfang durchgeführt wurden.

Im Jahre 1775
Antrag von Schlemm, aus der Zellerfelder Münze ''Durchschnitte'' in die Clausthaler Münze zu bringen und einzusetzen, wenn sie noch brauchbar sind. Außerdem der Antrag, einen neuen ''Durchschnitt'' auf der Königshütte anzufertigen.

Im Jahre 1780
Ein Vorgang behandelt eine verschwundene Justiermaschine, die im ''Inventario'' aufgeführt ist, offensichtlich nicht existiert,

aber gebraucht und deshalb beantragt wird.

Im Jahre 1820
Die Akte schließt mit der Ablehnung eines Gesuches der Kaufleute Koch & Sohn aus Braunschweig, die offensichtlich seit vielen Jahren für die Münze die erforderlichen Schmelztiegel geliefert hatten, eine Restforderung für den letzten gelieferten Tiegel auszuzahlen.

Im Jahre 1841
Mit Datum vom 13. August 1841 genehmigte das Königliche Finanzministerium Mittel in Höhe von 3.135 Talern
- zur Verbesserung des Streckgewerkes,
- für den Bau eines neuen Prägestockes und
- für Ausbau einiger Bodenkammern.

Zu vermuten ist, daß in dieser Zeit auch die Zwerchhäuser an beiden Giebeln des Hauptgebäudes errichtet wurden. 23)

Nicht zu entnehmen war den Akten, wann die Ostseite des Gebäudes ihre heute noch vorhandene Holzverkleidung erhalten hat. Anzunehmen ist, daß diese ein Quadermauerwerk vortäuschende Verschalung um 1840 aufgebracht wurde, also kurz nach oder im zeitlichen Zusammenhang mit der Verschalung des Amtshauses im Jahr 1838. 24)

Durch den Schriftverkehr wird deutlich,
- wie stark der Münzbetrieb Gebäude und insbesondere Einrichtungen beansprucht haben muß,
- wie schnell bestimmte Holzkonstruktionen ''faul'' wurden und erneuert werden mußten,
- wie sorgfältig Gebäude und Einrichtungen in normalen Zeiten unterhalten wurden,
- wie kritisch aber auch bereitwillig selbst relativ hohe Kosten für Unterhaltungsarbeiten bewilligt wurden,
- wie formell sorgfältig und sachgerecht dabei verfahren wurde und
- daß im Gegensatz zu bisherigen Annahmen bereits 1736 zwei Wetterseiten, wahrscheinlich die West- (Hof) und die Nordseite, mit Schiefer beschlagen wurden.

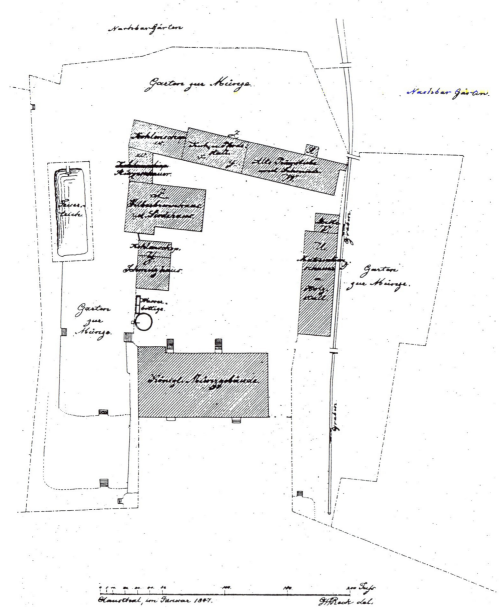

Abb. 8. Lageplan, der den Bestand und die Nutzung der 1847 auf dem Grundstück vorhandenen Gebäude zeigt. Quelle: OBA 1699/7

Gebäudebestand

Der Münzbetrieb umfaßte eine Reihe von Funktionen, die aus unterschiedlichen Gründen in Nebengebäuden untergebracht wurden, um erhöhte Brandgefahr, Lärm, Schmutz oder auch Rauch und Gestank vom Hauptgebäude fernzuhalten. Diese Nebengebäude waren in Form, Größe und Bauart ihrem Verwendungszweck entsprechend als Randbebauung um einen Betriebshof herum errichtet, der von der Osteröder Straße aus gesehen durch das Hauptgebäude gegen Einblicke abgeschirmt war.

Die Hofrandbebauung gestattete es, die Nebengebäude in unterschiedlicher Bauweise als Mauerwerks-, Fachwerk- oder als einfache Holzbauten zu errichten und sie nach Bedarf und ohne Störung des Münzbetriebes sich ändernden Anforderungen durch Neu-, An- oder Umbauten anzupassen.

Der Situationsplan aus dem Jahre 1847 — siehe Abb. 8 — zeigt den Bestand der zur Münze gehörigen Gebäude kurze Zeit nach Einstellung des Münzbetriebes und vor Umnutzung zum Verwaltungsgebäude. Abzulesen sind Art und Nutzung der Gebäude und Anlagen. Die nebenstehenden Schemazeichnungen — Abb. 9 — geben einen Überblick über die Veränderungen des Gebäudebestandes in der Zeit von 1722 bis 1867.

Das Blicksilber wurde von den Verhüttungsbetrieben in das Zehnthaus geliefert, dort gewogen, danach in die Münze gebracht und durch Feinbrennen von den restlichen Bleibestandteilen befreit. Das so entstandene Brandsilber wurde nach nochmaligem Wiegen im Zehnthaus in der Münze geschmolzen und zu Zainen geformt, zu 5 bis 8 mm dicken und 30 bis 50 mm breiten blechartigen Streifen, die danach im Hauptgebäude weiter verarbeitet wurden. 25)

Aus den Gebäudezeichnungen im Lageplan ist zu schließen, daß im Silberbrennhaus das Brandsilber und im Schmelzgewölbe die Zaine hergestellt wurden. In beiden Gebäuden wurden Windöfen eingesetzt. Beide Gebäude bestanden wegen Feuergefahr aus massivem Mauerwerk und waren mit Ziegeln gedeckt.

Der dreiteilige westliche Randbau, später als Hintergebäude bezeichnet, enthielt einen Kohlenschuppen, Kuh- und Pferdeställe mit Futterboden und einen Werkstättenbereich mit Wächterstube sowie ausgebautem Boden. Aus der Auflistung des Inventars für das Jahr 1815 26) ergibt sich, daß in diesem Gebäude eine neue Prägestube eingerichtet wurde, weil die ''hintere'' Prägestube im Münzgebäude nicht mehr benutzt werden konnte, da das Prägewerk unbrauchbar geworden und auseinandergenommen war.

In einem weiteren unabhängigen Gebäude an der Nordseite des Gebäudes waren Mistställe, Aborte, Baumaterialien und Holzlager untergebracht.

Im südlichen Gartenbereich lag ein Feuerlöschteich und unmittelbar hinter dem Hauptgebäude befanden sich zwei Bottiche für Löschwasser.

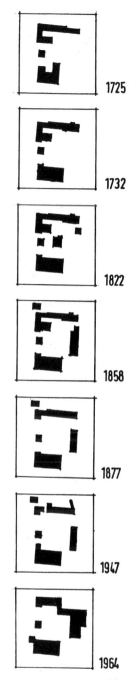

Abb. 9. Schemazeichnungen, aus denen die Veränderungen des Baubestandes im Zeitraum von 1725 bis 1964 ablesbar sind. Quelle: Darstellung vom Verfasser

Ansichten und Grundrisse des Gebäudebestandes im Jahre 1867 sind in den Abbildungen 10 bis 16 dargestellt, für das Hauptgebäude auf dieser, für die Nebengebäude auf der folgenden Seite.

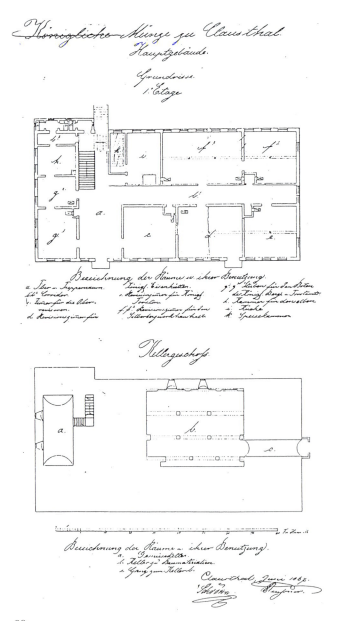

Abb. 10. Erdgeschoß- und Keller-grundriß im Jahre 1867. Ablesbar sind der Baubestand und die für den Verwaltungsbetrieb vorgesehenen Raumnutzungen.
Quelle: OBA 1699/17

Abb. 11. Straßenansicht der Münze im Jahre 1867. Zu dieser Zeit hatte die Fassade einen Holzbeschlag erhalten und waren die Zwerghäuser an beiden Giebeln ausgebaut. Die Dachlandschaft entspricht dagegen dem ursprünglichen Zustand.
Quelle: OBA 1699/17

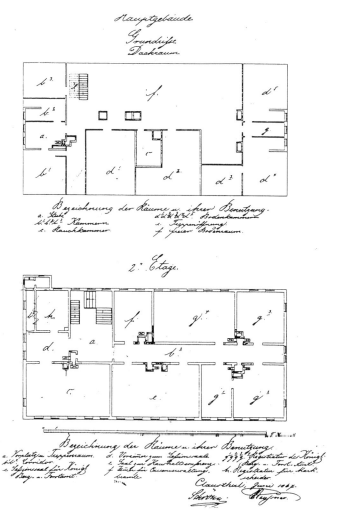

Abb. 12. Dach- und Obergeschoßgrundriß im Jahre 1867. Ablesbar sind der Baubestand und die für den Verwaltungsbetrieb vorgesehenen Raumnutzungen.
Quelle: OBA 1699/17

Abb. 13. Ansicht der Hintergebäude im Jahre 1867.
Quelle: OBA 1699/17

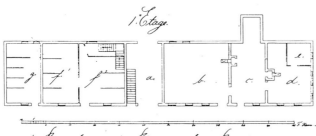

Abb. 14. Erdgeschoß- und Obergeschoßgrundriß des Hintergebäudes mit dem Baubestand im
Jahre 1867 und den für den Verwaltungsbetrieb vorgesehenen
Raumnutzungen.
Quelle: OBA 1699/17

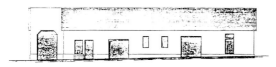

Königliche Münze zu Clausthal.
Nebengebäude.

Vorderansicht.

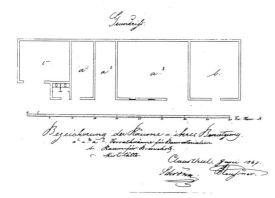

Grundriß.

Bezeichnung der Räume u. ihrer Benutzung.

Clausthal, Juni 1867.

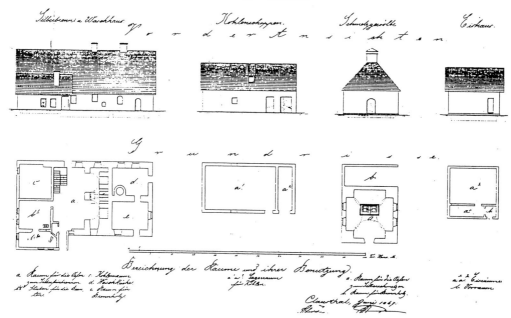

Königliche Münze in Clausthal.
Hinter- und Neben-Gebäude.

Bezeichnung der Räume und ihrer Benutzung.

Clausthal, Juni 1867.

Das Bauwerk
als Verwaltungsgebäude
1852 bis 1950

Umbau der Münze
zum Verwaltungsgebäude

Am 30. Juni 1849 wurde der Münzbetrieb in Clausthal eingestellt. Die Gründe, die zur Einstellung und Verlagerung des Münzbetriebes in die Münze in Hannover führten, werden im Beitrag über die Nutzungsgeschichte ausführlich erläutert. In diesem Beitrag werden die Überlegungen und Entscheidungen im Hinblick auf die zukünftige Nutzung der Münzgebäude und deren Folgen für die Bausubstanz beschrieben.
Detaillierten Aufschluß vermittelt der diesbezügliche Schriftverkehr in einer Sonderakte des Oberbergamtes. 27) Zusammengefaßt sind hier Vorschläge, Anträge und Verfügungen, "die Benutzung des Amtshauses und der Münze und die Herstellung von Geschäftsräumen für Königliche Berghauptmannschaft und Königliches Bergforstamt" betreffend. Grundrißzeichnungen , die die Nutzungsvorstellungen der Verfasser erläutern, sind bis auf wenige Ausnahmen in der Akte nicht mehr enthalten.

Die vom Finanzministerium im Schreiben vom 21.05.1840 angeregten Nutzungsüberlegungen wurden offensichtlich durch Zuweisung einer Wohnung im Amtshaus für den Oberbergrat Albert, die Vorstellung, das Sitzungszimmer des Berg- und Forstamtes aus dem Bergschulgebäude in das Amtshaus zu verlegen und den wachsenden Flächenbedarf der Behörden, insbesondere für Revision und Archive, notwendig.

Diese Überlegungen beschränkten sich anfangs nur auf das Amtshaus, weiteten sich aber durch Schreiben des Finanzministeriums vom 15. Mai 1847 auf das Münzgebäude und danach auf alle Königlichen Gebäu-

de im Oberharz aus, obwohl der Münzbetrieb erst 1849 eingestellt wurde.

Im Schreiben des Finanzministeriums vom 29. Juli 1847 heißt es in diesem Zusammenhang: "Um die gegenwärtige Verteilung der Geschäfts- und Wohnräume in den Königlichen Gebäuden am Oberharze, namentlich in den Amtshausen, den Zehntgebäuden und der Münze, näher übersehen zu können, wünsche ich, daß die Königliche Berghauptmannschaft die davon vorhandenen Risse mit nächster Post nach hier einsende."

Die Aufforderung des Finanzministeriums vom 30. Oktober 1849, eine gutachterliche Stellungnahme über die zukünftige Nutzung der Münze vorzulegen, löste eine lebhafte Auseinandersetzung aus. Die konträren Standpunkte, die insbesondere im Hinblick auf die Unterbringung einer allgemeinen Eisenwaren-Bergfabrikaten- und Bergwaren-Niederlage sowie einer Bergfaktorei für Clausthal und Zellerfeld in der Münze auftraten, werden bereits im Bericht nebst zugehörigen Anlagen der Berghauptmannschaft vom 21.03.1950 deutlich. Dabei hat man den Eindruck, daß lokalpolitische Argumentationen eine Rolle spielen und der Faktoreibetrieb als Ersatz für den Münzbetrieb angesehen wird.

Mit Verfügung vom 12.10.1850 entschied das Finanzministerium, daß "1. in das Amtshaus die Dienstwohnungen des Berghauptmannes und die Geschäftslokale für die Berghauptmannschaft einschließlich der Registratur, Kanzlei gelegt werden, unter Vorbehalt des Saals und der südlich anstoßenden Zimmer zu den bisherigen Zwecken und daß 2. die Münze für das Berg- und Forstamt benutzt werde."

Der daraufhin mit Bericht vom 12. November 1850 vom Maschinendirektor Jordan vorgelegte Kostenanschlag für den durch die Umnutzung verursachten Umbau des Münzgebäudes — leider fehlen wiederum die

Planunterlagen — weist Art und Umfang der Maßnahmen in Höhe von 3.990 Talern aus.

Im Schreiben vom 27.11.1850 äußert sich das Finanzministerium dazu wie folgt: "Da mit diesem sehr ansehnlichen Betrage nichts neu oder angebaut werden soll, da die Anschläge so überaus summarisch aufgestellt sind, daß eine nähere Prüfung derselben so gut wie untunlich ist, und da endlich eine bedeutende Menge solcher Ausgaben darin vorkommen, welche zu den eigentlichen Baukosten nicht gehören, sondern entweder aus dem Büro- und Verwaltungsfonds zu bestreiten sind, oder dem Bewohner anheim fallen sollten: so haben wir Bedenken tragen müssen, die Bewilligung sofort auszusprechen. Wir haben vielmehr unter Mitteilung der Akten den Kammerrat Oppermann veranlaßt, die Anschläge soweit es ihrer Allgemeinheit wegen tunlich, zu prüfen und insbesondere die Ausgaben zu bezeichnen, welche aus dem einen oder anderen Grunde zu den Baukosten nicht zu rechnen sein würden, wenn nach den bei der Königlichen Dominikalkammer geltenden Grundsätzen verfahren werden soll."

Den Einspruch der Berghauptmannschaft zu Clausthal wies das Finanzministerium mit Schreiben vom 04.12.1850 als "Ausdruck einer übermäßigenden Empfindlichkeit" zurück. Mit Verfügung vom 03.02.1851 erhielt die Berghauptmannschaft die von ihr neu aufgestellten und neu eingereichten Unterlagen mit Prüfbemerkungen zurück und gleichzeitig die Genehmigung, "mit der baulichen Instandsetzung des Amtshauses und der ehemaligen Münze zu Clausthal nach den gemachten Anheimgaben und Anschlägen" zu verfahren. Für das Hauptgebäude der Münze genehmigte man an Baukosten 2.477 Taler und 16 Groschen und an Einrichtungskosten 874 Taler und 3 Groschen. Der Ausbau der Nebengebäude wurde ausdrücklich zurückgestellt.

Im März 1851 begannen daraufhin die Arbeiten an dem Hauptgebäude. Die Zehnt-kasse wurde angewiesen, die erforderlichen Geldvorschüsse nach Bedarf und gegen Quittung "bis zur Höhe der genehmigten Kosten" auszuzahlen.

Während der laufenden Bauarbeiten beantragte der Maschineninspektor Schrönn am 22. Juli 1851 die Vergrößerung des Sitzungssaales des Berg- und Forstamtes im Obergeschoß der Münze und Mehrkosten für die wider Erwarten notwendig gewordene Sanierung der Grund- und Schwellenmauer der hinteren Frontwand und teilweise auch dieser Wand selbst.

Im Bericht an das Königliche Berg- und Forstamt vom 23.02.1952 stellt der Maschineninspektor Schrönn fest, daß "die Instandsetzung und Einrichtung der neuen Geschäftslokale für Königliches Berg- und Forstamt in der ehemaligen hiesigen Münze vollendet ist und der beabsichtigten Benutzung derselben von Donnerstag, 26.02., an in baulicher Beziehung nichts mehr im Wege steht." Er wies in diesem Bericht darauf hin, wie umfangreich und mühevoll die Arbeiten gewesen waren und wie verdient sich der offensichtlich mit der Aufsicht über diese Arbeiten betraute Baugehilfe Reck dabei gemacht hatte. Seinem Vorschlag, ihm in Anerkennung seiner Leistungen und "zu seiner ferneren Aufmunterung eine angemessene Gratifikation" zu bewilligen, wurde stattgegeben. Dafür wurden 25 Taler ausbezahlt.

Die Versteigerung alter abgängiger Gerätschaften der herrschaftlichen Gebäude der Münze in Clausthal erbrachte nach Bericht des Maschineninspektors Schrönn vom 01. Juni 1852 nach Abzug aller Unkosten einen reinen Ertrag von 46 Talern, 3 Groschen und 4 Pfennigen.

Nachbewilligt wurden die Anschaffungskosten für einen Teppich und eine Uhr nebst Gehäuse im Sitzungszimmer im Obergeschoß der Münze.

Umbauarbeiten

Die durch die Umnutzung zum Verwaltungsgebäude bedingten Umbaumaßnahmen sind in dem Kostenanschlag vom 30.12.1850 detailliert beschrieben. 29) Sie sind darüberhinaus durch Vergleich der Grundrißzeichnungen aus den Jahren 1847 — siehe Abb. 6 — und 1867 — siehe Abb. 10 und 12 —, also durch Vergleich der Planstände vor und nach dem Umbau, abzulesen und zwar trotz der vereinfachenden Darstellungen im Planstand 1867, der jedoch die neuen Raumnutzungen im Haupt- und in den Nebengebäuden zweifelsfrei wiedergibt.

Baukörper und Fassaden der Gebäude änderten sich durch den Umbau kaum. Lediglich beim Hauptgebäude wurden Treppenzugang und Eingangstür vom Hof zum Münzbetrieb entfernt und die dadurch entstehende Fassadenöffnung geschlossen: eine Maßnahme, die an der Fassadengliederung der Westfront heute noch ablesbar ist.

Im Gegensatz dazu führten im Inneren des Hauptgebäudes die erforderlichen Baumaßnahmen zu umfangreichen Eingriffen in die Konstruktion und den Ausbau des Gebäudes, obwohl man offensichtlich bemüht war, vorhandene Wandstellung möglichst zu berücksichtigen.

Während die Raumaufteilung im übrigen Wohnbereich weitgehend übernommen wurde, mußten im Münzbetrieb Wände und technische Einbauten wie Glühofen, Gaipel, Walzwerk und Prägestock abgebrochen werden. Durch die Weiterführung des im Ansatz vorhandenen Flures zur Erschließung der neu ausgebauten Einzelräume wurde die zweiläufige Verbindungstreppe zwischen Erd- und Obergeschoß überflüssig.

Im Kostenanschlag werden aufgeführt:

an Maurerarbeiten
- Fundamentierungsarbeiten
- Verlegen von Sollinger Steinplatten in den Fluren und der Küche
- Herstellung neuer Räume und Schornsteine
- Ausmauerung der neuen Fachwerkwände mit Schlackensteinen in Gipsmörtel
- Übertünchen der Decken und Wandflächen mit Haarkalk
- Setzen neuer, Umsetzen alter Öfen
- Weißen der Räume

an Zimmer- und Tischlerarbeiten
- Auswechselungen, Ergänzungen und Abfangungen der Balkenlage im Bereich des Gaipel
- Abbund neuer Innenwände
- Deckenunterschalung mit Brakdielen
- Blindboden in Balkenfeldern aus alten Brettern
- Fußbödendielung auf Fußbodenlagern
- Futter und Bekleidungen für 33 Fenster
- Einbau von 16 neuen Innentüren
- Wandverkleidungen mit Paneelen
- Herstellung der Inneneinrichtungen

an Schmiedearbeiten
- Beschläge für 16 Türen
- 2 Fenstergitter
- 3 neue Kamintüren aus Eisenblech

an Glaserarbeiten
- Verglasung neuer Fenster mit schmiedeeisernen Sprossen
- Instandsetzung alter Fenster
- Gießen der Bleigewichte für die Schiebefenster

an Malerarbeiten
- Innenanstrich sämtlicher Ausbauarbeiten aus Holz und der Inneneinrichtung einschließlich der Stirnflächen der Aktenregale mit weißer Ölfarbe

Durch die Vergrößerung des Sitzungssaales während der oben aufgeführten Bauarbeiten waren ein Abbruch der in diesem Bereich vorhandenen Kamin- und Schornsteinanlage für das Obergeschoß und eine Verlegung des Treppenzugangs zum Dachgeschoß erforderlich.

Abb. 17. Die obere Abbildung zeigt die Straßenansicht des Hauptgebäudes unmittelbar nach Umbau zum Verwaltungsgebäude.
Quelle: Fotoarchiv der Stadtbücherei in Clausthal-Zellerfeld

Nutzungsänderungen bis zum Jahre 1950

Nach dem Umbau zogen in die Gebäude unterschiedliche Nutzer ein. Dieser Wandel kann hier nur stichwortartig festgehalten werden.

Ab 1852 stand das Gebäude dem Königlichen Berg- und Forstamt zu Clausthal zur Verfügung, dem die Verwaltung der Bergwerks-, Hütten- und Forstsachen oblag und das der Berghauptmannschaft unter dem Vorsitz des Berghauptmannes unterstand.

Ab 1862 verlagerte man in das Obergeschoß des Hintergebäudes Archiv und Registratur,
um die "Aufstellung der Repositorien und die fertige Ausstattung des Locals mit allen sonstigen Requisiten des registraturdienstes in dem nötigen Belange zu erwirken." 28)

1864 wird das untertänigste Gesuch der früheren Hutfrau Witwe Weigert zu Grund um Einräumung einer Wohnung im Hintergebäude der Münze abgelehnt. Genehmigt wird dem Registrator von Salz der Wunsch, im Keller unter dem Münzgebäude Blumen aufzubewahren und Gartenutensilien zu lagern.

1866 Nachdem ab 01. Januar 1864 sich der gesamte Oberharzer Bergbau im Alleineigentum des Staates befand, ging 1866 durch die Eingliederung des Königreiches Hannover

Abb. 18. Die Störungen der ausgewogenen Dachlandschaft durch Veränderung der Gaubenausbauten und Schornsteine sind diesem Bild zu entnehmen, das den Zustand der Straßenansicht nach dem Ausbau des Dachgeschosses im Jahre 1912 wiedergibt.   Quelle: Fotoarchiv der Stadtbücherei in Clausthal-Zellerfeld

das gesamte Bergwerkseigentum in die Hand des Königreiches Preußen über.

1867 erfolgte die Aufhebung des mit dem Bergamt verbundenen Forstamtes und seine Verlegung nach Hildesheim. Das Bergamt wurde in ein Preußisches Oberbergamt umgewandelt. 30)

Am 13. November 1867 übergab der Bergmeister Borchers und der Markscheider Kutscher die Clausthaler Rißregistratur mit dem zugehörigen Inventarium. 31)

Zu ergänzen ist, daß Beamte die oberbergamtlichen Grundstücke und die zu den Gebäuden gehörigen Gärten pachten konnten und für die Nutzung eine Gebühr bezahlen mußten, die alljährlich am 01. Oktober zu entrichten war. 32)

Ab 1874 nutzte die Gebäude die Direktion der Oberharzer Berg- und Hüttenwerke,

auch Berginspektion genannt. Außerdem waren in der Münze das oberbergamtliche Markscheidebüro mit Zeichensälen und Rißkammern und die Bibliothek des Oberbergamtes und der Bergakademie sowie eine Mineraliensammlunng untergebracht.

1908 zogen die Dienststellen des Oberbergamtes in den neuerstellten Erweiterungsbau des Amtshauses um. Die dadurch freigewordenen Räume belegte die Berginspektion. 33)

Nachdem so die Königliche Berginspektion Clausthal als Dienststelle des Königlich Preußischen Bergfiskus alleiniger Nutzer der Münzgebäude geworden war, wurde sie am 26. Oktober auch als Eigentümer in das Grundbuchblatt Clausthal-Stadt, Band XXVII, Blatt 1292, eingetragen.

Antrag und Genehmigung für den Umbau des Hintergebäudes, in dem zwischenzeitlich

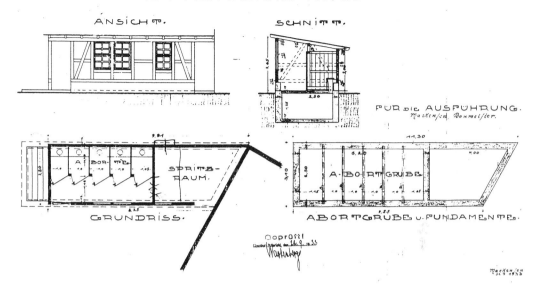

Abb. 19. Ansichten und Grundrisse einer Abortanlage, die an das Hintergebäude im Jahre 1934 angebaut wurde.
Quelle: Bauakten des Studentenwerkes Clausthal

ein Baubüro und Wohnungen untergebracht worden waren, zu einer Haushaltsschule für die Königliche Berginspektion stammen aus dem selben Jahr.

1912 schuf man im Dachgeschoß des Hauptgebäudes durch Ausmauern vorhandener, mit Brettern beschlagener Fachwerkwände sowie Versetzen von Bretterwänden und Vergrößern eines Dacherkers Schreibstuben und Aktenräume. Außerdem wurde der Umbau der Toilettenanlagen und der Bau einer biologischen Gärgrube an der Südwestecke des Gebäudes genehmigt.

1924 fand die Vereinigung der Bergstädte Clausthal und Zellerfeld statt.

1925 ging der gesamte Grundbesitz der Münze in das Eigentum der Preußischen Bergwerks- und Hütten AG über, die die Gebäude für die Verwaltung der Zweigniederlassung der Oberharzer Berg- und Hüttenwerke nutzte.

1934 erhielt das Hintergebäude einen Anbau für die Abortanlage. Die Ausführungszeichnung ist Abb. 19 zu entnehmen. Die Bau-Polizeigebühren betrugen 5,-- R-Mark.
Im selben Jahr verlegte die Preussag ihre Verwaltungsstellen nach Goslar. Die Bergbauinspektion Clausthal war damit aufgehoben. Auf das diesbezügliche Schreiben des Vorsitzenden der Preussag, des Oberberghauptmannes Winnacker, vom 10.01.1924 antwortete der Bürgermeister der Bergstadt mit dem in Abb. 21 wiedergegebenen Schreiben.

Danach nutzte das Hauptgebäude die NSDAP als ''Parteihaus'' und als NS-Wohlfahrtsgebäude.

1937 richtete die Ortsgruppe Clausthal-Zellerfeld des Reichsluftschutzbundes im Hintergebäude eine Luftschutz-Hauptschule ein und errichtete für Schulzwecke ein Brandhaus.

Der komm. Bürgermeister

~~Der Magistrat~~

der Bergstadt Clausthal-Zellerfeld (Oberharz)

Clausthal-Zellerfeld

| | Fernsprecher: Amt Clausthal-Zellerfeld Nr. 3, 46 und 300 | Postscheckkonto der Kämmereikasse: Hannover 34 379 |

An

Herrn Oberberghauptmann Winnacker
in
B e r l i n   W 9,
Leipziger Straße 2.

Ihres Schreibens		Dieses Schreibens	
Zeichen:	Tag:	Zeichen: (In der Antwort anzugeben)	Tag:
		I.	16. Januar 1934.

Sehr geehrter Herr Oberberghauptmann!

Für Ihren Brief vom 10. Januar 1934 und Ihr liebenswürdiges
Bemühen, einen Ersatz für die evtl. abwandernde Preußag für die
Stadt zu finden, darf ich Ihnen meinen verbindlichsten Dank sa-
gen.

Leider sind die von Ihnen in Aussicht gestellten Möglichkeiten (Heranziehung einer SS-Schule mit 250 Mann) nicht durchführ-
bar, da bereits vertragliche Bindungen seitens des Gruppenfüh-
rers für die Verlegung der Schule nach Holzminden vorliegen.

Jedoch hat Herr Gruppenführer Jeckeln zugesagt, sich dafür
einsetzen zu wollen, daß die SS-Führerschule, die allerdings
nur mit 50 Mann hier liegt, bestehen bleibt, oder ausgebaut
werden soll in eine SS-Oberführerschule, die vom Sturmführer
aufwärts besucht werden soll und die ca 100 Mann fassen könnte.

Ich bitte sehr, sich auch von dortaus für diesen Plan bei
den maßgebenden Stellen gefälligst einsetzen zu wollen und den
Wegzug der Beamten der Preußag so lange hinauszuschieben, bis
die in Aussicht genommene Schule für Clausthal-Zellerfeld fest-
steht und übersiedeln kann.

Ich bin Ihnen sehr zu Dank verpflichtet für Ihre Bemühungen
und will gerne hoffen, daß sie von Erfolg sein werden.

Mit außervorzüglicher Hochachtung und Heil Hitler!

gez. Dr.Kraft.

Abb. 20. Schreiben des kommissarischen Bürgermeisters der Bergstadt Clausthal-Zellerfeld an den Oberberghauptmann Winnacker vom 16.01.1934.
Quelle: Bauakten des Studentenwerkes Clausthal

1945, am 07. September, schreibt der Landrat dem Bürgermeister, daß der Ausbau von sieben Wohnungen im früheren Parteihaus durch die Firma Pfeiffer ausgeführt worden ist, ohne, daß die vorgeschriebenen Bauunterlagen vorgelegt worden seien und ersucht um Übersendung der Unterlagen binnen acht Tagen. Es entwickelt sich ein reger Schriftverkehr im Hinblick auf Bedarf an Arbeitskräften und Baustoffen, baupolizeiliche Auflagen, aber auch auf verfahrenstechnische Zuständigkeiten, weil offensichtlich mit dem Ausbau auf Anordnung der Militärregierung begonnen worden war.

Der danach im November eingereichte Antrag umfaßt den Ausbau von neun Wohnungen für größere Flüchtlingsfamilien, von vier Räumen für den Gewerkschaftsbund, von einer eingeschossigen Abortanlage als Anbau, um jeder Wohnung einen Abort zuteilen zu können und den Ausbau des Schmelzgebäudes zu zwei Waschräumen.

Die diesbezügliche Umbauplanung fertigte das Stadtbauamt mit Datum vom 29. Januar 1945 an. Der Ausbau erfolgte unter weitgehender Schonung der vorhandenen Bausubstanz.

1947 entstand ein Anbau an das Hintergebäude, um in einem neuen Tagesraum und dem bestehenden Hortraum dem Kindergarten des Roten Kreuzes eine ''ständige Bleibe'' zuzuweisen.

1950 erwarb die Bergakademie Clausthal die Liegenschaft Osteröder Straße 6 und schuf damit die Voraussetzung für eine neue Nutzungsperiode als Studentenwohnheim.

Abb. 21. Das Photo zeigt den Bauzustand des Schmelzgewölbes im Jahre 1961 unmittelbar vor dem Abbruch. Im Hintergrund sind auf der linken Seite der Neubau des Studentenwohnheimes II und auf der rechten Seite die Baustelle der Mensa zu erkennen.   Quelle: Bauakten des Studentenwerkes Clausthal

Das Bauwerk als Studentenwohnheim 1951 bis 1988

Das Hauptgebäude

Nach Erwerb der Liegenschaft durch die Bergakademie Clausthal wurde das Hauptgebäude nach Entwürfen des Staatshochbauamtes Clausthal in drei Baustufen zu einem Wohnheim für die Studenten der Technischen Universität Clausthal, dem Studentenwohnheim I, ausgebaut.

1950/52 konnten mit Geldern des Lastenausgleiches (TDM 100) und des Mc.Cloy-Fonds (TDM 90) lediglich die notwendigsten Renovierungsarbeiten an dem völlig verwahrlosten Gebäude und der Ausbau von 24 Bettplätzen im 1. Obergeschoß und eines Teiles der Gemeinschaftsräume im Erdgeschoß realisiert werden.

1956, nach Übertragung der Eigentumsrechte an der Liegenschaft auf das Studentenwerk Clausthal, konnten mit Geldern des sozialen Wohnungsbaus (TDM 60) 15 zusätzliche Bettplätze durch Ausbau des Dachgeschosses geschaffen und die Gemeinschaftsräume im Erdgeschoß fertiggestellt werden.

1962 ermöglichten Gelder des Landesjugendplanes, des Bundesjugendplanes, des Auswärtigen Amtes, der zentralen Planungsreserve des Bundesministers des Inneren und Eigenmittel (insgesamt rund TDM 80) den Ausbau von vier weiteren Bettplätzen anstelle der bisher vorhandenen Hausmeisterwohnung und dringend erforderliche Reparaturarbeiten.

Damit waren die sich über ein Jahrzehnt erstreckenden Teilbaumaßnahmen und der Ausbau des Studentenwohnheimes I im Hauptgebäude abgeschlossen. In den folgenden 25 Jahren konnten nur kleinere Reno-

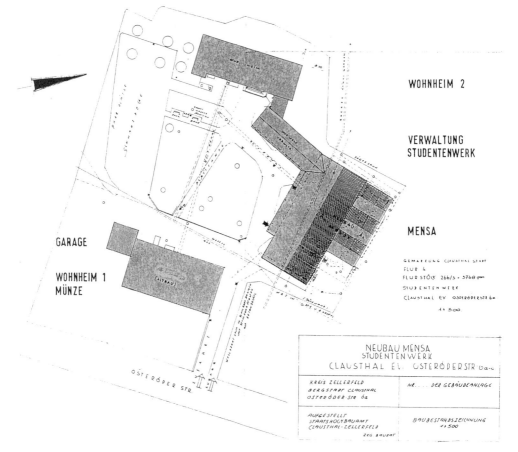

WOHNHEIM 2

VERWALTUNG
STUDENTENWERK

MENSA

GARAGE

WOHNHEIM 1
MÜNZE

Abb. 22. Der Lageplan zeigt den Baubestand auf dem Grundstück der Münze im Jahre 1962 nach dem Bau der Mensa.   . Quelle: Bauakten des Studentenwerkes Clausthal

vierungsarbeiten vorgenommen werden, von denen insbesondere der Einbau neuer Kastenfenster anstelle der alten Fenster im Jahre 1980 zu erwähnen ist. Die damit geschaffene Grundrißstruktur des Gebäudes zeigt die Istaufnahme aus dem Jahre 1987 — Abb. 23 — und das Gesicht des Gebäudes zur Osteröder Straße — Abb. 24 —.

Dieser Zustand war mit rigorosen Eingriffen in die Substanz des Gebäudes erkauft worden:

innen durch
- Abbruch der Barocktreppe und Einbau einer Treppe mit veränderter Laufrichtung,
- Einbau von Sanitärräumen am Südgiebel,

- umfangreiche Abfangungen im Erdgeschoß,
- neue Raumteilung im Erd- und Obergeschoß und durch
- Ausbau des Dachgeschosses,

außen durch
- den Abbruch der Dachgauben und Einbau von Dachflächenfenstern im Osten,
- Bau einer großen Schleppgaube im Westen,
- Zerstörung großer Teile der alten Dachkonstruktion,
- Kastenfenster mit starken Sprossenprofilen und durch
- einen gelben Anstrich auf der Ostfront zur Osteröder Straße.

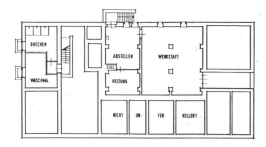

Kellergeschoß

Erdgeschoß

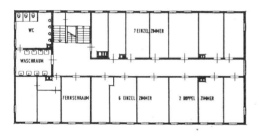

Obergeschoß

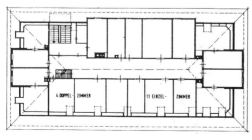

Dachgeschoß

Die Nebengebäude

Nicht nur das Hauptgebäude, sondern die gesamte Liegenschaft wurde schrittweise in das Nutzungskonzept des Studentenwerkes einbezogen.

1958 erfolgte der Abbruch des südlichen Teiles des Hintergebäudes und entstand ein Studentenwohnheim mit 57 Bettplätzen.

1961 fand der Abbruch der im Innenhof stehenden Schmelzgewölbe statt, weil es den Neubauplanungen im Wege stand. Abb. 21 zeigt die angegriffene Substanz des Gebäudes; deutlich werden aber auch das Unverständnis und die Ignoranz einem Gebäude gegenüber, dessen Substanz und Form aus dem 17. Jahrhundert ohne wesentliche Eingriffe überlebte, das für den Münzbetrieb von zentraler Bedeutung war und das im Ensemble der Münzbauten ein aus seiner Funktion entwickeltes signifikantes Zeichen setzte.

1961 und 1962 wurden an der Nordgrenze des Geländes sämtliche noch bestehenden Nebengebäude abgebrochen und der Neubau der Mensa für die Verpflegung der Hochschulangehörigen der Technischen Universität erstellt, sowie der Nordteil des Hintergebäudes zu einem Verwaltungsgebäude für das Studentenwerk umgebaut.

Der in Abb. 22 dargestellte Lageplan zeigt die Bebauung der Liegenschaft im Jahre 1985, die ausschließlich vom Studentenwerk Clausthal als Eigentümer genutzt wird.

Abb. 23. Die Grundrisse zeigen die Raumzuschnitte und -nutzungen in den einzelnen Geschossen nach Ausbau zum Studentenwohnheim im Jahre 1962.
Quelle: Vereinfachte Darstellung der Bauaufnahme des Verfassers

Zusammenfassung

In diesem Beitrag wird die Baugeschichte der Münze zu Clausthal im Zeitraum von 1725 bis 1985 beschrieben. Dazu wurden Quellen ausgewertet, die im großen Umfang in den Akten des Oberbergamtes in Clausthal, des Niedersächsischen Hauptstaatsarchives in Hannover und des Studentenwerkes Clausthal sowie in der Literatur zu finden sind.

Trotz ihres Alters, trotz wechselnder Nutzungen und unterschiedlicher Eigentümer besteht über die Münze eine fast lückenlose, umfangreiche und detaillierte Dokumentation. Der Umfang des Materials hat schweren Herzens eine Auswahl und Bescheidung auf das Wesentliche notwendig gemacht, eine Bescheidung, die nicht nur bei Berichterstattung über das 18. und 19. Jahrhundert, sondern insbesondere auch bei den Berichten über das 20. Jahrhundert schwer fiel.

Die den Nutzungen folgende Grobgliederung dieses Beitrages in das Bauwerk als Münze, als Verwaltungsgebäude und als Studentenwohnheim entspricht dem Baugeschehen. Jede Umnutzung hat zu Eingriffen geführt, die durch Umbauten, Abbruch oder Neubauten die Substanz, das Gesicht oder auch das Schicksal der Bauwerke beeinflußt haben. Der Verantwortung dem schönen und ehrwürdigen Ensemble gegenüber war sich jede Zeit trotz beschränkter Mittel und argwöhnischer Aufsichtsbehörden bewußt. Deutlich wird in der Rückschau aber auch, daß zu keiner Zeit die Substanz so rigoros verändert wurde wie im Zeitraum von 1952 bis 1962.

Abschließend bleibt festzustellen, daß durch intensive Nutzung, wachsende Studentenzahlen, steigende Anforderungen an das soziale Umfeld und durch den Zustand der Bausubstanz, die sich durch übliche Bauunterhaltungsmaßnahmen nicht mehr instand halten läßt, sowohl das Studentenwohnheim I als auch das Verwaltungsgebäude des Studentenwerkes und die Mensa dringend sanierungsbedürftig geworden sind. Diese Erkenntnis hat zu der jetzt abgeschlossenen Sanierung des Studentenwohnheimes I, des Hauptgebäudes der ehemaligen Münze, geführt, die in einem besonderen Beitrag beschrieben werden soll.

Abb. 24. Aus der Abb. sind Zustand und Farbgebung der Straßenansicht des Hauptgebäudes vor der Sanierung zu ersehen.
Quelle: Farbaufnahme des Verfassers

Quellen und Literatur

Abkürzungen:

HStA = Niedersächsisches Hauptstaatsarchiv Hannover
OBA = Oberbergamtsarchiv Clausthal-Zellerfeld
OBA 1696/3 = OBA Fach 1696/Akte 3

Verzeichnis:

1. Beitrag Küpper-Eichas Seite 1 in dieser Schrift
2. OBA 1304 / 9 / Band I
3. OBA 1696 / 3
4. OBA 1304 / 9
5. HStA 9217 / 8 / Seite 117
6. HStA 9217 / 8 / Seite 141
7. OBA 1696 / 3
8. HStA 9217 / 8 / Seite 28
9. HStA 9217 / 8 / Seite 86
10. Griep, Hans-Günther: Das Bürgerhaus der Oberharzer Bergstädte, Tübingen 1975
11. OBA 1696 / 3
12. HStA 9216 / 8
13. HStA 9217 / 8
14. OBA 1696 / 4
15. HStA 9217 / 8 / Seite 103
16. OBA 1696 / 8
17. OBA 1696 / 3
18. OBA 1696 / 3
19. OBA 1696 / 3
20. OBA 1696 / 3
21. OBA 1696 / 3 / Baurechnung
22. OBA 1304 / 10
23. OBA 1311 / 44
24. Fürer, Gotthard: Das Amtshaus zu Clausthal, Clausthal-Zellerfeld 1983, Seite 12
25. Burose, Hans: Die Zellerfelder Münze, Clausthal-Zellerfeld 1984, Seite 85
26. OBA 1303 / 7
27. OBA 1699 / 17
28. OBA 1699 / 25
29. OBA 1699 / 17
30. Dennert, Herbert: Kleine Chronik der Oberharzer Bergstädte
31. OBA Tit. XXII.d.No.5 Vol F. Protokoll vom 13. 12.1867
32. OBA Tit. III.h.No.21 VI
33. Diese und die folgenden Angaben wurden den Akten des Studentenwerkes entnommen.

Abb. 1: Das Bauwerk nach abgeschlossener Sanierung im neuen "Kleid" mit geordneter Dachlandschaft und erstmals funktionsfähigem Portal im Vordergrund.

Abb. 2: Blick in den Gastraum der Cafeteria mit 130 Sitzplätzen und einem Bühnenpodest in Raummitte.

Dr.-Ing. Claus Wiechmann

Die Sanierung des Wohnheims I
in der Münze zu Clausthal

Die alte "Münze", das dritte Münzgebäude, das nach dem großen Brand im Jahre 1725 errichtet wurde, ist auch heute noch eines der repräsentativen Bauwerke, die das Stadtbild in Clausthal prägen. Mehrere Umnutzungsphasen nach Zusammenfassung des Münzwesens in Hannover im Jahr 1848 und die damit verbundenen Umbauaktivitäten haben zu umfangreichen Veränderungen der ursprünglichen Grundrißstruktur und des Ausbaus geführt, aber das Äußere, die Fassade — mit Ausnahme der Dachlandschaft — respektiert.

Besonders die Umnutzung zum Wohnheim für Studierende der Universität Clausthal in den Jahren 1950 bis 1960 war mit rigorosen Eingriffen in die innere Struktur des Gebäudes verbunden. Durch intensive Nutzung waren die damals eingebrachten Ausbaumaterialien und Installationen so verwohnt, daß sich die Bausubstanz durch übliche Bauunterhaltungsmaßnahmen nicht mehr erhalten ließ. Auch die gestiegenen Ansprüche an das soziale Umfeld, an Raumzuschnitte, an sanitäre Installationen, an Wohnform und Betriebssicherheit machten eine Sanierung unumgänglich.

In seiner Verantwortung für die soziale Betreuung der Studierenden, aber auch für das historische Gebäude bemühte sich das Studentenwerk Clausthal deshalb um Finanzierung der Sanierung. Wie sich bald zeigte, hatte es sich damit auf einen Leidensweg begeben, der — wie die vollständig erhaltenen Bauakten ausweisen — der Umnutzung in den 60'er Jahren entsprach, jedoch im krassen Gegensatz zu den Umbauphasen in den vorhergehenden Jahrhunderten stand.

Nach langem Drängen wurden im September 1984 Vorplanungskosten von DM 6.000,-- genehmigt, die — den Idealismus und die Begeisterungsfähigkeit der Beteiligten voraussetzend — die Erarbeitung eines ersten Vorplanungsberichtes 1985 ermöglichten. Die Finanzierung eines Teilbetrages wurde daraufhin im November 1986 in Aussicht gestellt, der danach eingereichte Antrag jedoch abgelehnt und die Zerlegung in fünf "sinnvolle" Teilbaumaßnahmen gefordert. Ein diesbezüglicher Antrag Ende 1987 führte zur Bewilligung von Teilkosten. Dem "vorzeitigen" Maßnahmebeginn wurde im März 1988 zugestimmt. Die Bauarbeiten begannen im Mai 1988 und wurden nach 15 Monaten im August 1989 abgeschlossen.

Die Absicht, die benachbarte Mensa zu verlegen und in der Münze dafür eine Cafeteria vorzusehen, führt 1989 zu einer Änderung der Planung für das Erdgeschoß und für diesen Bereich zu einem neuen Bauherren, dem Staatshochbauamt Clausthal-Zellerfeld, zu neuen Anträgen und einer Bauzeit, die sich mit der inzwischen laufenden Wohnheimnutzung überlagerte.

Dieser Leidensweg ist für Sanierungen zwar nicht symptomatisch, aber sicher auch nicht ungewöhnlich. In Clausthal führte er zu einer Finanzierung für den bewohnten Teil des Gebäudes durch Mittel des Landes, der Lottogesellschaft, der Sparkasse, der Volksbank, der Denkmalpflege und einen Eigenanteil des Studentenwerkes von rund 50% der Gesamtkosten von 2 Millionen DM. Da die Finanzierung dieser Eigenmittel nicht den Bewohnern des sanierten Gebäudes angelastet

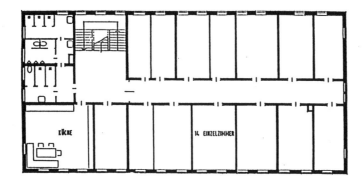

Abb. 3: Grundriß 1. Obergeschoß. Dargestellt sind 14 Einzelzimmer mit Waschbecken, gemeinsame Sanitärräume und ein Gemeinschaftsraum in der Küchenzeile.

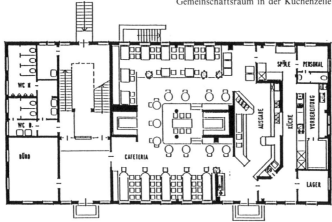

Abb. 4: Grundriß Erdgeschoß mit getrennten Zugängen zu Wohnheim und Cafeteria, deren Gastraum mit 130 Sitzplätzen über eine Ausgabe aus einer Relais-Küche versorgt wird.

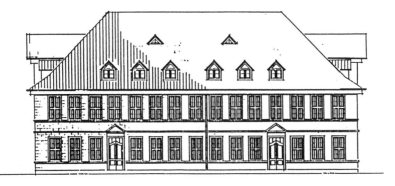

Abb. 5: Ansicht von der Osteröder Straße. Saniert worden sind der bossenartige Holzbeschlag auf dieser Seite und die Schieferbekleidungen auf den anderen Seiten des Gebäudes.

werden kann, tragen diese Last heute alle Mieter des Studentenwerkes.

Dieser Leidensweg verhinderte jedoch eine dem Rang des Gebäudes angemessene Bauvorbereitung, eine sorgfältige Bestandsaufnahme und -analyse der vorhandenen Substanz und damit die denkmalpflegerische Spurensuche, die Sicherung von Funden und die Absicherung der Kostenberechnungen.

Unmittelbar nach Beginn der Bauarbeiten zeigte sich, daß es mit oberflächigen Sanierungen nicht getan war und daß das Gebäude bis auf Fassade und Tragkonstruktion entkernt werden mußte. Nicht immer ließen sich dabei unerwartet aufgefundene Spuren sichern. Das schlechte Gewissen darüber wurde durch die vorab geäußerte Auffassung der Denkmalpflege, daß nur Fassade und Dachlandschaft denkmalwürdig seien, der Innenausbau durch zahlreiche Nutzungsänderungen jedoch nicht, kaum beruhigt.

Glücklicherweise gelang während der Bauzeit die Einschaltung des Konservators Gisevius, der nicht nur die Farbgebung der Fassade durch seinen Gestaltungsvorschlag, ausgehend von seinen Schichtbefunden, maßgeblich beeinflußte und auch die Portale in der Hauptfassade und den Hausbeschlag sanierte, sondern mit seinem Fachwissen zur Verfügung stand, um Grundrißnutzungen der Vergangenheit zu deuten, restliche Wandverkleidungen und den Pferdegang zu retten.

Die Erhaltung der Fassade, des in seiner Substanz gesunden Holztragwerkes, der zweibündigen Grundrißstruktur und des für ''herrschaftliche'' Häuser im Harz typischen, durchgehenden großen Treppenhauses beeinflußte die Wohnform, die Anordnung von 32 Einzelzimmern mit Waschbecken südlich und der Sanitärräume nörd-lich des Treppenhauses. Sie verhinderte jedoch in sich abgeschlossene Wohnungen für kleinere Gruppen.

Das Wohnheim war immer und ist wieder das beliebteste Heim der Universität. Dazu tragen sicher der Standort inmitten der Stadt, die geringe Größe der Hausgemeinschaft, Tradition und Ansehen des Hauses, aber auch die großzügigen Gemeinschaftsräume bei, die bei der Sanierung in Form einer Küche mit großem Gemeinschaftsraum und eines Clubraumes im Keller — erstmals witterungsgeschützt aus dem Treppenraum zugängig — berücksichtigt wurden.

Dazu trägt aber auch die Cafeteria im Erdgeschoß bei, die nicht nur ganztägig Aufenthalts- und Verpflegungsmöglichkeiten bietet, sondern durch ein bühnenartiges Podest in der Raummitte auch für kulturelle Veranstaltungen unterschiedlichster Art geeignet ist und genutzt wird. Kritisch anzumerken ist jedoch, daß dieses heute so zwanglos wirkende Raumangebot nur durch Eingriffe in das Tragwerk im Erdgeschoß realisiert werden konnte, um funktionellen und innenarchitektonischen Zielvorstellungen Raum zu schaffen.

Erwähnenswert ist auch, daß das barocke Südportal in der Ostfassade, das als nie gängiges Portal, als Scheintür, dieser Fassade ihre Symmetrie verlieh und den Münzbetrieb symbolisierte, als Cafeteriazugang zum ersten Mal seit Bestehen des Gebäudes eine Funktion erhalten hat.

Ein Glücksfall ist es, daß das Münzgebäude als Festpunkt der Stadtstruktur Nutzungen birgt, die das historische Denkmal mit Leben füllen, die sein Überleben sichern und durch die es ein lebendiger Bestandteil des städtischen Lebens in Clausthal bleibt.

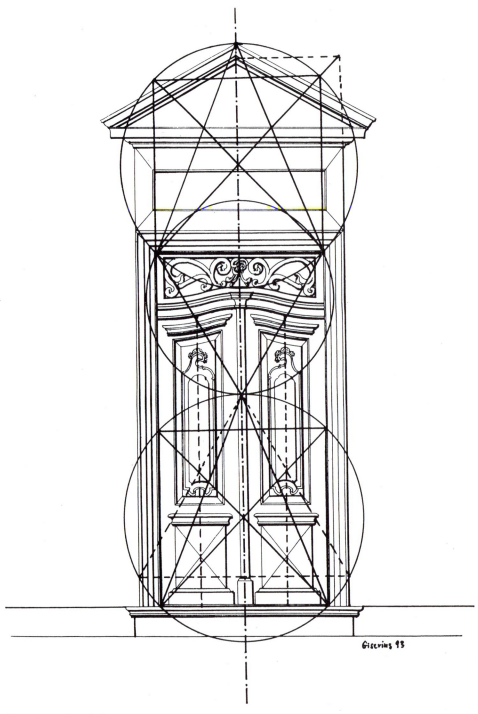

Münzgebäude Clausthal
Portal; Zustand um 1840
Zirkelschlag-Figur; schematisch
Zeichnung: Bernd Gisevius 1993

Bernd Gisevius

Das Clausthaler Münzgebäude als Quelle für kulturanthropologische Forschung zur "Denkmallandschaft Harz"

Im Zusammenhang mit dem Restaurierungsauftrag für die Portale des Clausthaler Münzgebäudes konte über das gesamte Gebäude auch eine umfangreiche Erhebung von Baubefunden durchgeführt werden.

Die "Münze" gehört damit zu den wenigen historischen Gebäuden im Oberharz, deren Untersuchung dem wissenschaftlichen Standard der gegenwärtigen Hausforschung entspricht. Eine besondere Schlüsselfunktion für die Einsichten in kulturgeschichtliche Zusammenhänge kommt den Untersuchungen zu, weil gleichzeitig schriftliche Quellen über das Baugeschehen in seltenem Umfang erhalten sind.

Aufgrund der Verknüpfung von Schriftquellen und zugehörigen Befunden lassen sich erstaunlich weitreichende Aussagen zu geschichtswissenschaftlichen Fragen aus vielerlei Bereichen machen und solide begründen. Die Ergebnisse wiederum liefern entscheidende Grundlagen für die Deutung der Befunde und Schriftquellen bei anderen Objekten. Zu verdanken ist diese einzigartige Chance dem ehrenamtlichen Engagement einer großen Zahl von Fachstudenten aus Göttingen und Kassel sowie Restauratoren in Ausbildung, die dem Verfasser geholfen haben, in vielen unbezahlten Stunden die Ergebnisse sicherzustellen.

Da die teilweise Entkernung des Gebäudeinneren schon in vollem Gange war und nur sehr bescheidene private Geldmittel zur Verfügung standen, gelangte die Qualität der Dokumentation bisher über den Cha-

rakter einer "Notgrabung" nicht hinaus, ein Umstand, der die Auswertung beträchtlich erschwert. Ohne weitere Geldmittel ist eine abschließende Auswertung bis zur Publikationsreife kaum möglich. Derzeit wird versucht, Mittel für die weitere Bearbeitung und die Veröffentlichung in Form einer Ausstellung mit wissenschaftlichem Katalog zu beschaffen.

Zu zwei Teilbereichen entsteht je eine etwas breiter angelegte Arbeit am Institut für Volkskunde der Georg-August-Universität Göttingen und am Fachbereich Architektur der Gesamthochschule Kassel. Bedauerlicherweise konnte ein in Göttingen angelaufenes Universitätsprojekt zu wirtschaftsgeschichtlichen Aspekten aus Finanzgründen nicht zu Ende geführt werden.

Einen ersten Einblick in das Gefüge der Untersuchungsergebnisse können folgende Beispiele vermitteln:

- Die Farbbefunde am Fachwerk unter dem Hausbeschlag (mindestens drei Fassungen liegen übereinander) liefern neben bescheidenen Befunden an der Marktkirche die ersten authentischen Belege für die Erscheinung des Clausthaler Straßenbildes vor 1830. Während uns u.a. die Aquarelle von Riepe und die Ansichten-Tassen von Schierholz eine anschauliche Vorstellung von dem städtebaulichen Charakter Clausthals ab etwa 1830 vermitteln, gab es bislang für die ältere Zeit außer verbalen Äußerungen praktisch keinerlei Material zu dieser Frage.

- Es konnte nachgewiesen werden, daß die so charakteristischen "Harzer Hausbe-

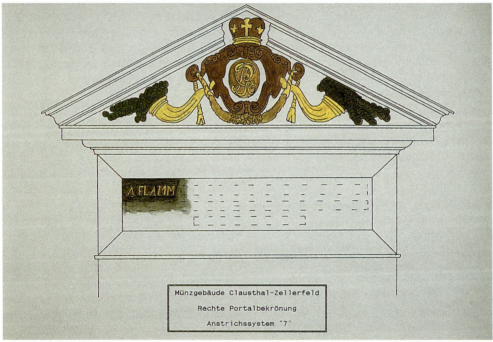

Münzgebäude Clausthal
Portal, sandsteinerne ''Frontierspicen'' von 1726
Polychrome Fassung des 20. Jhdts.; Befunde
Zeichnungen: Jan Welker

schläge", mit denen die Gebäude etwa zwischen 1835 und 1865 durchweg versehen wurden, in Struktur und Abmessungen bis hin zu Profilschnitt und Breite der Fugen aus dem "Zirkelschlag" jeder einzelnen Gebäudefassade speziell für das jeweilige Objekt entwickelt wurde.

Im allgemeinen wurden bisher Anspruch und künstlerischer Rang dieser Fassadengestaltungen bei weitem unterschätzt. Selbst wenn der "Oberharzer Stil" in einem folkloristischen Sinne gewahrt wird, bedeuten solche — scheinbar belanglosen — Eingriffe fast immer eine weitgehende Zerstörung des künstlerischen Gefüges. An dieser Stelle ist im Hinblick auf die Erhaltung des Stadtbildes in Clausthal ein gründliches Umdenken angezeigt.

- Vom allgemeinen Interesse sind die aus den Untersuchungen gewonnenen Erkenntnisse zur Wirtschaftsgeschichte. Vielfach haben sich die in den erhaltenen Baurechnungen spezifizierten Bauleistungen real im Gebäude erhalten — sei es vollständig, sei es in aussagefähigen Resten. Bei der Befundsuntersuchung ist es in zahlreichen Fällen gelungen, diese so genau zu erfassen, daß sich die Herstellungskosten, die unter heutigen Bedingungen anfallen würden, präzise ermitteln ließen. Legt man als Parameter für einen Vergleich die Stundenlöhne im Baugewerbe zugrunde, die in der jeweiligen Epoche dem Kunden in Rechnung gestellt werden, ergibt sich das verblüffende Ergebnis, daß Arbeiten, die auch heute noch "von Hand" gemacht werden, heute nicht teurer sind als damals, daß aber, bezogen auf das gesamte Gebäude,

das Erstellen derselben Bauleistung im 18. Jahrhundert vier bis acht mal so "teuer" war als heute.

- Zumindest für den Wohnteil des Gebäudes erbrachte die Befundsuntersuchung, daß in früherer Zeit zahlreiche Umbaumaßnahmen vorgenommen wurden, die in den erhaltenen Schriftquellen und zeichnerischen Unterlagen nicht erfaßt sind. Die so ermittelten Originalgrundrisse ermöglichen im Vergleich mit anderen Gebäuden grundlegende Einsichten in die Geschichte des Wohnwesens der Oberharzer Bergstädte.

- Nicht zuletzt wirft die bei der Befundsuntersuchung eindeutig bewiesene Tatsache, daß das Gebäude auf öffentliche Kosten nicht nur mit einem auch für damalige Verhältnisse aufwendig gestalteten Portal, sondern darüberhinaus mit einer ebenso aufwendig gestalteten Blindtür ohne praktische Funktion versehen wurde, ein bezeichnendes Licht auf die Mentalitätsgeschichte des 18. Jahrhunderts.

- Die Tatsache, daß durch die umfangreiche Restaurierung der Portale und die Rekonstruktion der Fassung der Fassade der Stadt Clausthal das künstlerisch bedeutsame Erscheinungsbild eines ihrer wichtigsten Gebäude wiedergewonnen werden konnte, ist nur eines der positiven Ergebnisse dieses Vorhabens, dem der damit verknüpfte beträchtliche Zugewinn an geschichtlichen Erkenntnissen als mindestens gleichgewichtig an die Seite gestellt werden muß.

Farbgebung der Fassade an der Osteröder Straße vor der Sanierung.

Im abgebildeten linken Portalgiebelfeld findet man das hannoversche Wappen mit Löwen und Einhorn als Schildhalter, darunter das Schriftfeld ,,Quod natura parit. Labor atque pericula quaerund. Heic trahit in formas ars operara suas'' (= Was die Natur hervorbringt und in gefährlicher Arbeit gefördert wird, hier wird es in mühevoller Kunst in richtige Gestalt gebracht). Das entsprechende Tympanon der rechten Tür zeigt von Füllhörnern begleitet, aus denen Münzen hervorquellen, die Inschrift: ,,Ad flamma prior destructa D.25. Marty 1725 fundata haec D.21.Aug. 1725 et perfecta D.13.Sept.1726'' (= Von den Flammen vorher zerstört am 25. März 1725, ist sein Neubau am 21. August 1725 und am 13. September 1726 vollendet worden).

Farbgebung der Fassade an der Osteröder Straße nach der Sanierung.

Wolfgang Schütze

Oberharzer Münzen und Medaillen — Bilder ihrer Zeit

Die Herstellung von Münzen war seit ihrer Erfindung in der Antike zu allen Zeiten eine besondere Kunst. Münzmeister und Stempelschneider, die ihr Handwerk verstanden, waren daher hoch angesehene Fachleute. Eine, vor allem auch in künstlerischer Hinsicht, gut geprägte Münze war der Stolz jedes Münzherren. Betrachtet man einmal die Münzen und Medaillen des Oberharzes, also die Ausbeutetaler, Löser und Schautaler, wie sie in der Clausthaler bzw. der Zellerfelder Münzstätte hergestellt worden sind, so kann man den "Alten" in dieser Hinsicht nur den allergrößten Respekt zollen. Insbesondere ist es die Darstellung der Bergbautechnik auf den Oberharzer Münzen und Medaillen, die den Fachmann, wie den interessierten Laien, immer wieder anspricht.

Im Folgenden sollen anhand einiger Prägungen speziell diese auf den Oberharzer Münzen und Medaillen dargestellten Bergbautechniken im Detail erläutert werden. Zum besseren Verständnis werden zeitgenössische Abbildungen und Texte, insbesondere aus bekannten historischen Veröffentlichungen, zur Erklärung herangezogen, um einen möglichst engen Bezug zwischen der Historie des Bergbaus und den gezeigten Münzen, die ja "Bilder ihrer Zeit" sind, herzustellen. Es wurden dazu u.a. folgende Bücher benutzt:

1. "De Re Metallica", erschienen 1556, von Georg Agricola
2. "Bericht vom Bergwerk", erschienen 1617, von G.E. Löhneyß
3. "Speculum Metallurgiae Politissimum" (Der hellpolierte Bergbauspiegel), erschienen 1700, von Balthasar Rößler

Die Münzen und Medaillen, an denen die jeweiligen Bergbautechniken dargestellt und demonstriert werden sollen, wurden in der Festschrift zur 200-Jahr-Feier der Technischen Universität Clausthal von Hans-Hermann von Scotti (†) und Herbert Dennert vorgestellt sowie auch besonders ausführlich in dem Buch "Ausbeutetaler und Medaillen des Harzer Bergbaus" — H.H. von Scotti, 1988, herausgegeben von Dr. med. Hildegard Weber, geb. von Scotti, behandelt.

Zur Einleitung wird zunächst eine satirische Medaille gezeigt, die im Jahre 1686 in der Clausthaler Münze von dem Münzmeister Heinrich Bonhorst geprägt worden ist (Jahresangabe nach E. Fiala "Münzen und Medaillen der Welfischen Lande"). Auf der Vorderseite dieser Medaille schreitet eine männliche Gestalt auf einem Stelzfuß. Auf den Schultern trägt der bärtige Greis zwei Füllhörner, gefüllt mit Erzstufen bzw. mit Münzen. Auf der Hüfte erkennt man das Zeichen ♄. Nach den im 15. Jahrhundert üblichen Darstellungen handelt es sich bei der Figur also um Saturn, den ersten und bedeutendsten Planetengott. Saturn befindet sich auf dem Münzbild - inmitten einer umfassend und detailliert dargestellten Bergbaulandschaft. Vom Wünschelrutengänger bis hin zur qualmenden Hütte werden die vielfältigen Arbeitsgänge und Techniken, eingebettet in ein Gebirgspanorama, gezeigt. Bedeutsam sind die im oberen Teil geprägten Worte: "Sic veniunt", was so viel bedeutet wie: "So kommen sie" (also die Taler) — oder in freier Übersetzung: "So kommt er" (nämlich der Reichtum, als Ergebnis des Bergbaus und des Fleißes der Bergleute.)

Abb. 1: Satirische Medaille auf den schweren Erwerb
und den leichten Abgang der im Bergwerk gewonnenen Reichtümer. Vorderseite.
Münzstätte: Clausthal 1686
Münzdurchmesser: 6,3 cm   Abb. 2: Rückseite der satirischen ''Saturn-Medaille''

Die Rückseite zeigt nun ein gänzlich anderes Geschehen. Saturn schüttet aus einem der Füllhörner Münzen in großer Zahl in einen Brunnen, der hier die Funktion des berühmten "Fasses ohne Boden" übernimmt. Die Bedeutung wird schnell klar, wenn man die Worte "Sic abeunt" liest: "So verschwinden sie" (die Taler) bzw. "so geht er dahin" (der Reichtum), näm-lich durch Luxus und Wohlleben (dargestellt durch Palastbauten, Pfau und Reiher) sowie durch den Krieg (symbolisiert durch marschierende Landsknechte und brennende Dörfer). Der Münzmeister hebt also den moralischen Zeigefinger, um im wahrsten Sinne des Wortes vor der "Kehrseite der Medaille" zu warnen.

Kommen wir nun zur eigentlichen Beschreibung der Bergbautechniken auf den Oberharzer Münzen und Medaillen:
Als erste Technologie wird die Erzgewinnung mit Schlägel und Eisen vorgestellt: Auf dem abgebildeten Ausschnitt aus dem Dreifachtaler des Herzogs Christian Ludwig, 1664 (Münzstätte Clausthal), ist am unteren Münzrand ein vor Ort mit der Schlägel-und-Eisen-Arbeit befaßter Bergmann abgebildet. Dieser Bergmann, der seine Arbeit kniend verrichtet, ist sehr schön plastisch herausgearbeitet, man sieht das aufgesetzte Eisen und den erhobenen Schlägel. Schlägel und Eisen waren über die Jahrhunderte hinweg das typische Bergmanns-Gezähe, und sie sind ja auch als das Symbol des Bergbaus schlechthin jedermann bekannt.

Schaut man hierzu einmal in das sechste Buch aus "De Re Metallica" von Georg Agricola, so kann man auf einen Blick alles Wesentliche über die Schlägel-und-Eisen-Arbeit erkennen. Lassen wir im folgenden Textauszug Agricola selbst über die Darstellung zu uns sprechen: "Häuerzeuge sind solche, welche die Bergleute mit diesem besonderen Namen benennen... Das erste, das Bergeisen, dessen sich die Bergleute täglich bedienen, ist 9 Finger lang, 1 1/2 Finger breit und 1 Finger dick. Das zweite, das Ritzeisen, hat dieselbe Breite wie das erste und auch dieselbe Stärke, aber es ist 2 Spannen lang. Mit diesem spalten sie die härtesten Gänge so, daß diese auseinanderfallen... Auch von den Fäusteln gibt es zwei Größen: kleinere, deren Stiele die Häuser mit einer Hand fassen, und größere, die sie mit beiden Händen fassen. Von jenen gibt es nach Größe und Gebrauch drei verschiedene: mit dem kleinsten und leichtesten, dem Ritzfäustel, schlagen sie auf das Ritzeisen, mit dem mittelsten, dem Handfäustel, auf das Bergeisen..." Im Zusammenhang mit dem ebenfalls aus "De Re Metallica" stammenden Abbild des knienden Bergmanns ist auch für einen Laien leicht zu erkennen, was es mit den beschriebenen Gezähen und der Erzgewinnung mittels Schlägel und Eisen auf sich hat. Bei dieser Tätigkeit handelte es sich um eine körperlich besonders schwere Arbeit. So nimmt es nicht Wunder, daß die Vortriebsleistungen gering waren. In St. Andreasberg erreichte man bei günstigen Verhältnissen 0,5 bis 0,75 Meter je Woche. Für das Auffahren des Frankenscharrn-Stollens mit einer Länge von 2700 Metern wird dagegen eine Leistung von 4 Metern je Woche angegeben.

Abb. 3: Dreifacher Taler mit Bergwerksgepräge.
Münzstätte: Clausthal 1664
Münzdurchmesser: 7,2 cm
Ausschnitt: Bergmann vor Ort mit Schlägel und Eisen.

Abb. 4: Gewinnungsarbeit mit Schlägel und Eisen, umgezeichnet nach einer Darstellung nach Agricola 1556.

119

Als zweite Technologie soll die Fördertechnik beschrieben werden:

Die Fördertechnik im historischen Oberharzer Bergbau, soweit sie auf Münzen und Medaillen abgebildet worden ist, gliedert sich in die Strecken- und die Schachtförderung. Die Streckenförderung wurde in ihrer einfachsten Form von den "Karrenläufern" (Karren = Schubkarren) bewerkstelligt, während der Erztransport im "Hund" (in der Oberharzer Schreibweise = "Hunt", Agricola schreibt "Hund") auf Bohlen-"Schienenwegen" bereits eine höher entwickelte Technik darstellte. Auf dem Dreifachtaler von 1677, welcher ebenfalls in der Clausthaler Münze geprägt wurde, erkennt man am unteren rechten Rand einen Karrenläufer, der sich in der Strecke in Richtung Schacht fortbewegt. Wie ein solcher Karren beschaffen war, kann man wiederum bei Agricola nachlesen: "Der sogenannte Schubkarren ist ein Fördermittel, welches ein Rad hat, nicht zwei, wie der Karren, den die Pferde ziehen... Er ist folgendermaßen gebaut: Es werden zwei etwa 5 Fuß lange Bretter, die 1 Fuß breit und 2 Finger stark sind, ausgesucht. Vorne werden sie 1 Fuß lang, hinten 2 Fuß lang unten ausgeschnitten, in der Mitte bleiben sie ganz. Dann werden sie vorn durchbohrt, damit in den runden Löchern die Enden der Radachsen sich drehen können. In der Mitte werden sie zweimal durchbohrt und zwar fast ganz unten, damit sie die Köpfe zweier Leisten aufnehmen, auf welche Bretter gelegt werden, und dann in der Mitte, für die Köpfe zwei Querbretter... Die hinteren Enden der langen Bretter bilden Handhaben, sie sind unten ausgeschnitten, so daß sie fester in den Händen gehalten werden können. Das eine Rad hat weder eine Nabe, noch dreht es sich um seine Achse, sondern mit ihr".

Nun einiges über die Förderung mit dem "Hund": Als Beispiel sei der Ausbeutetaler "Güte des Herrn" aus dem Jahre 1740 gezeigt. Auf der Abbildung ist ein Stollen-

Abb. 5: Dreifacher Taler mit Bergwerksgepräge.
Münzstätte: Clausthal 1677
Münzdurchmesser: 6,8 cm
Ausschnitt: Karrenläufer in der Strecke.

mundloch zu sehen, aus welchem zwei Bergleute gerade einen Hund herausziehen bzw. -schieben. Deutlich kann man auch erkennen, daß der Hund auf einem schienenähnlichen Unterbau läuft, bestehend aus zwei nebeneinander verlegten Bohlen. Was ist nun ein Hunt? Betrachten wir hierzu das entsprechende Bild aus "De Re Metallica". Der dargestellte Hund wird in einer Gesamtzeichnung zunächst in Arbeitsstellung gezeigt, sodann werden alle Einzelheiten mehr oder weniger deutlich hervorgehoben: Der auf dem Kopf stehende Hund, verschiedene technische Details usw. Der Text ergänzt das Bild und erläutert die Arbeitsweise wie folgt: "Der Hund faßt um die Hälfte mehr als der Schubkarren, er ist etwa 4 Fuß lang und ungefähr 2 1/2 Fuß breit und hoch. Seiner rechteckigen Form entsprechend ist er mit drei rechteckigen eisernen Bändern beschlagen, außerdem wird er von allen Seiten durch eiserne Stäbe verstärkt. Am Boden sind zwei kleinere eiserne Achsen befestigt, um deren

Abb. 6: Ausbeutetaler "Güte des Herrn".
Münzstätte: Zellerfeld 1740
Münzdurchmesser: 4 cm

Enden sich auf beiden Seiten hölzerne Scheiben drehen. Damit diese nicht von den festen Achsen abgleiten, werden sie durch kleine eiserne Nägel gehalten, durch den am Boden befestigten Leitnagel wird der Hund in der Spur, die in den Laufpfosten ausgespart ist, geführt... Da er, wenn er gefahren wird, einen Ton erzeugt, der einigen dem Bellen der Hunde ähnlich dünkt, so nannten sie ihn Hund". Neben der eigenwilligen Erklärung des Namens Hund (andere Erklärungen leiten das Wort von dem slawischen "hintow" = "stoßen" ab) enthält der Text vor allem aber auch die Beschreibung, wie das Fahrzeug mittels eines Leitnagels zwischen zwei Bohlen in der von diesen gebildeten Rille "auf Spur" gehalten wurde. Aus dieser Technik haben sich später die eisernen Schienen entwickelt.

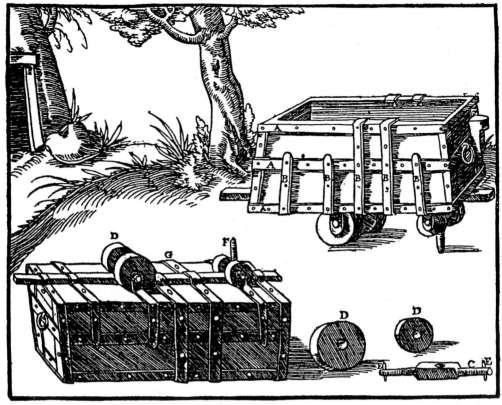

Die eifernen Bänder des Hundes A.   Die eifernen Stäbe B.   Die kleine eiferne Achfe C.
Die höl̨ernen Scheiben D.   Die kleinen eifernen Nägel E.   Der Leitnagel F.
Ein umgekehrter Hund G.

Abb. 7: Der "Hund". Darstellung aus Agricola "De Re Metallica".

Abb. 8: Förderung mit dem Handhaspel. Darstellung in Agricola "De Re Metallica". Vergleiche dazu die Darstellung auf dem Dreifachtaler von 1664.

Die Schachtförderung wurde im historischen Oberharzer Bergbau mittels Haspel, Pferdegaipel und Wasserkraft bewerkstelligt. Alle drei Technologien sind auf den Harzer Münzen und Medaillen mit großer Sachkunde von den Münzmeistern und Stempelschneidern abgebildet worden. Beginnen wir mit dem Haspel. Der bereits vorgestellte Dreifachtaler aus dem Jahre 1664 zeigt am unteren Bildrand 2 Haspelknechte, die gerade eine Fördertonne mit dem Handhaspel im Schacht heraufwinden. Agricola stellt diese höchst einfache Fördermaschine in "De Re Metallica" mehrfach dar. Auf dem hier gezeigten Bild ist die Wirkungsweise des Haspels gut zu erkennen. Agricola schreibt dazu: "Die Fördermaschinen haben verschiedene und mannigfaltige Formen, viele von ihnen sind sehr kunstreich und waren, wenn ich nicht irre, den Alten unbekannt. Sie sind erfunden worden, um das Wasser aus der Tiefe der Erde herauszuziehen, wohin keine Stollen reichen, und auch die Mineralien aus den Schächten, zu denen auch die längsten Stollen nicht gelangen. Da aber die Tiefe der Schächte ungleich ist, besteht eine große Mannigfaltigkeit derartiger Maschinen.

Der vorn am Schacht verlegte Pfühlbaum A.   Der hinten am Schacht verlegte Pfühlbaum B.
Die zugespitzten Pfähle C.   Die Querhölzer D.   Die Haspelstützen E.   Die Pfadeisen F.
Der Rundbaum G.   Seine Zapfen H.   Das Holz I.   Die Kurbel K.   Das Förderseil L.
Der Seilhaken M.   Das Fördergefäß N.   Sein Bügel O.

Unter denjenigen, mit denen trockene Lasten aus den Schächten gefördert werden, sind namentlich fünf verschiedene im Gebrauch, von denen die erste so gebaut ist: Es werden zwei Pfühlbäume, die etwas länger sind als der Schacht, verlegt, der eine vorne am Schacht, der andere hinten. Um den Rundbaum ist das Förderseil gewickelt und seine Mitte am Rundbaum befestigt. An seinen beiden Enden befinden sich eiserne Haken, welche in die Bügel des Fördergefäßes eigehängt werden. Dadurch, daß der Rundbaum mit den Haspelhörnern in Umdrehung versetzt wird, wird immer das volle Gefäß aus dem Schacht herausgezogen und das leere hineingelassen. Den Rundbaum drehen zwei kräftige Männer''. Wie aus dem Text ersichtlich, ging es bei der Förderung also nicht nur darum, das gewonnene Erz aus dem Schacht herauszubringen, sondern vor allem auch um die Wasserhaltung, das heißt, es wurden neben den Erztonnen auch Wasserkübel und Bulgen (besondere Schöpfgefäße) eingehängt und mit dem Haspel bewegt.

Abb. 9: Medaille auf den Reichtum des Harzer Bergbaus.
Münzstätte: Clausthal

Münzmeister: Heinrich Bonhorst
Münzdurchmesser: 6,5 cm
Rückseite: Gaipel mit Pferdeantrieb und Handhaspel.

Wie leistungsfähig waren nun derartige Fördermaschinen? — Aus einem alten "Handbuch für Ingenieure" (1902) kann man dem Kapitel "Belebte Motoren" entnehmen, daß ein Mann an der Kurbel im Dauerbetrieb 8 mkg/s an Leistung erbringen kann, das sind rd. 1/10 PS. Ein Haspel, der also von zwei bis drei Haspelknechten in Bewegung gehalten wurde, stellte somit eine Fördermaschine dar, die etwa 0,2 bis 0,3 PS leistete. Bei derartig geringen Werten ist es verständlich, daß auch der Bergmann früherer Zeiten die "Pferdestärke" in seine Dienste stellte, indem er

den schon aus dem Altertum bekannten Pferdegöpel anwandte. Ein solcher "Göpel" oder auch "Gaipel" ist auf einer der schönsten Oberharzer Medaillen außerordentlich präzise abgebildet worden, nämlich auf der von dem Münzmeister Heinrich Bonhorst um 1700 in der Clausthaler Münze geprägten Medaille "Auf den Reichtum des Harzer Bergbaus". In der Mitte dieser Medaille ist ein solcher Gaipel dargestellt. Der Roßtreiber treibt zwei Pferde, welche die senkrecht stehende Welle mit dem Seilkorb bewegen. Scharf gestochen erkennt man die Förderseile, welche

124

vom Förderkorb aus nach links durch das Vorhaus bis zum Schacht gehen und dort einen Kübel bewegen. Vergleicht man nun diese Darstellung mit einer entsprechenden Abbildung aus "Bericht vom Bergwerk", so muß man dem Münzmeister eine außerordentliche Sachkenntnis bei der Wiedergabe bescheinigen.

Löhneyß schreibt in dem Kapitel "Von Haspeln und Gäpeln": "Wann die Zechen nicht tieff oder Wassernöthig seyn oder nicht viel Ertz und Bergk zu fördern haben, so braucht man die Haspeln. Wann aber die Zechen tieff und viel fördens haben, da braucht man die Gäpel, mit welchen man die grosse Menge Ertz und Bergk heraustreiben kan. Die Gäpel werden rundt gebawet und 30 Ellen weit, in die Runde aber 90 Ellen, damit die Pferde raum zu gehen haben..." Der von Löhneyß angegebene Durchmessser von 30 Ellen entspricht in etwa dem Wert, den auch Agricola mit 50 Fuß angibt.

Mit welchen Leistungen konnte man nun rechnen? Agricola beschreibt einen besonders leistungsfähigen Göpel wie folgt: "Diese Maschine, welche das Wasser aus einem 240 Fuß tiefen Schacht hebt, setzen 32 Pferde in Bewegung. Von diesen arbeiten je 8 vier Stunden lang, dann ruhen sie 12 Stunden aus und ebenso viele treten an ihre Stelle. Derartige Maschinen sind an den Abhängen des Harzes und dessen Nähe in Gebrauch..." Bei der von Agricola beschriebenen Fördermaschine handelt es sich also um einen Gaipel, der von 8 Pferden gleichzeitig angetrieben wird. Wie dem Text zu entnehmen ist, waren die Pferde jeweils ein Viertel der Gesamtzeit im Einsatz, drei Viertel der Zeit jedoch in Ruhe. Hieraus erklären sich die 32 Pferde, die insgesamt benötigt wurden. Nun ist die berühmte "Pferdestärke" leider nur ein Spitzenwert, denn im Dauerbetrieb kann man lediglich mit der Hälfte des Wertes rechnen. Bei der von Agricola beschriebenen Anlage handelt es sich also um eine 4-PS-Fördermaschine. Wenn man bedenkt, daß es galt, 32 Pferde zu halten, mit Futter zu versorgen, Ställe zu bauen, Treiber und Knechte anzustellen, so waren diese 4 PS teuer bezahlt. Kein Wunder, daß man speziell auch im Oberharz seit der Wiederaufnahme des Bergbaus in der ersten Hälfte des 16. Jahrhunderts von Anfang an die Wasserkraft als Antriebsenergie einsetzte.

Der folgende Themenkreis, der die Wasserkraft behandelt, befaßt sich mit Wasserrädern sowie mit den zugehörigen Fördermaschinen, Pumpenkünsten usw. Wasserkraftmaschinen benötigen als Antriebsenergie Aufschlagwasser. Woher kommt es? — Nun, im Harz wie auch in anderen vergleichbaren Gebirgen ist es der Steigungsregen, der als Niederschlag reichlich anfällt. Kein Wunder, daß man bereits in historischer Zeit sich überall dort des Wassers als Antriebsenergie bediente, wo man die Möglichkeiten hatte, talsperrenähnliche Teiche anzulegen. So geschah es auch im Oberharz. In der Nähe der Gruben errichtete man in den umliegenden Tälern Absperrdämme, mit deren Hilfe man das Niederschlagswasser staute. Von hier aus wurde das Wasser dann mittels sogenannter Kunstgräben zu den in "Radstuben" befindlichen Wasserrädern geleitet, um dort die gewünschte Arbeit zu verrichten. Der größte je im Oberharz gebaute Stauteich ist der Oderteich mit 1,75 Mio m³ Inhalt, erbaut in den Jahren 1714 bis 1721. Insgesamt wurden, beginnend ab etwa 1530 in einem Zeitraum von zwei Jahrhunderten, rd. 70 Teiche mit ca. 10 Mio. m³ Stauraum in den Revieren um Clausthal und Zellerfeld geschaffen. Ein Ausbeutetaler der Grube Regenbogen aus dem Jahr 1746 zeigt vor der Silhouette von Zellerfeld einen derartigen Stauteich, den heute noch erhaltenen Carler Teich. Sehr deutlich sind das Striegelhaus und der Damm zu erkennen. Ein solches Striegelhaus war der Bedienungsstand, von welchem aus mit Hilfe des Striegels — eine Art von Abflußventil — die Wasserabgabe des jeweiligen Teiches geregelt wurde.

Abb. 10: Ausbeutetaler der Grube "Regenbogen".
Münzstätte: Zellerfeld 1746
Münzdurchmesser: 4 cm
Darstellung des "Carler Teichs" in Zellferfeld mit
Striegelhaus und Damm.

Abb. 11: Dreifacher Taler mit Bergwerksgepräge.
Münzstätte: Clausthal 1677
Münzdurchmesser: 6,8 cm
Wasserkraftanlage mit Wasserrad und Feldgestänge
zur Übertragung der "Energie" in den Gaipel (links
im Bild).

Um nun den Teichen soviel Wasser wie möglich zuzuführen, legte man kilometerlange
Sammelgräben um die Bergkuppen herum,
wodurch das Einzugsgebiet der einzelnen
Teiche entsprechend vergrößert wurde. Im
Oberharz entstand auf diese Weise unter anderem das bedeutende wasserwirtschaftliche
System des Dammgrabens, mit dessen Hilfe Niederschlagswasser selbst aus dem ent-
fernten Brockenfeld bzw. vom Bruchberg
bis zum Clausthaler Revier geführt wurde,
um die dortigen Teiche zu füllen.

Nun einiges zu den eigentlichen Kraftma-
schinen, den Wasserrädern: Der erweiterte
Ausschnitt aus dem Dreifachtaler von 1677
zeigt eine komplette Wasserkraftanlage mit
Wasserrad nebst Feldgestänge.

Vergleicht man die Abbildung auf der Münze mit der Darstellung von Löhneyß, so erkennt man die gleichen Elemente: Rechts das Wasserrad, dann das Feldgestänge, mit welchem die Antriebsenergie zu den Kunstkreuzen im höher gelegenen Gaipel (dieser allerdings nun ohne Pferdebetrieb) übertragen wurde. Von den Kunstkreuzen wurden die im Schacht befindlichen Pumpenkünste über entsprechende Kunstgestänge angetrieben. Die Wasserräder (zum Beispiel Kehrräder, Grubenräder usw.) wurden mit Durchmessern bis zu 12 m bei einer lichten Weite des Schaufelkranzes bis zu 2 m gebaut. Die größten Leistungen betrugen etwa 15 PS.

Noch vor rd. 100 Jahren zählte man im Clausthaler Revier rd. 200 laufende Wasserräder mit einer durchschnittlichen Leistung von 10 PS. Das Feldgestänge diente der Kraftübertragung vom Wasserrad zu den Kunstgestängen im Schacht. Der Antrieb geschah mittels des sogenannten krummen Zapfens (der Kurbel), so daß aus der drehenden Bewegung eine hin- und hergehende erzeugt wurde. Wie Balthasar Rößler im

"Hellpolierten Bergbauspiegel" beschreibt, konnten derartige Feldgestänge über 1000 m lang werden: "Des Feld-Gestänge aber ist zweyerley, als einfach, welches man ein Geschleppe nennt, so auch das geringste und schwächste, so den Hub leicht verleuret, und nur das Wasser hebet, wenn das Rad das Gestänge zu sich ziehet, und man kan keine doppelte Sätze an ein solch Geschleppe, und dessen Vorwelle hängen, weil sich das Gestänge biegen müßte. Dann ist doppelt Gestänge, zu welchen Schwingen, Stoß-Bäume oder Steege uff die Böcke gelegt werden; sind beständiger und die baufälligen ungehindert wieder einzuwechseln. Und ob gleich ein solch Gestänge bey 400 in 600 Lachter in Felde zu ziehen und zu schieben hat, auch über Berg und Thal gerichtet wird..." Bei dem hier erwähnten Lachter handelt es sich um ein Längenmaß von knapp 2 m, das heißt, die erwähnten 600 Lachter bedeuten rd. 1200 m, die es mit einem solchen Feldgestänge zu überwinden galt. Der Wirkungsgrad bei der Kraftübertragung dürfte allerdings nicht besonders hoch gewesen sein, denkt man an die vielen Lagerstellen eines solchen Feldgestänges. Es bot jedoch die einzige Möglichkeit, mechanische Energie über größere Entfernungen weiterzuleiten.

Die im Schacht befindlichen Kunstgestänge haben im Oberharz eine besondere Aufwertung erfahren, seit sie ab dem Jahr 1833 durch Anbringung von Griffen und Tritten zur sogenannten Oberharzer Fahrkunst avancierten. Ihre ursprüngliche Aufgabe war es jedoch, den Antrieb der Kolbenpumpen zu besorgen, die der Wasserhaltung dienten.

Verschiedene Abbildungen auf den Oberharzer Münzen und Medaillen beziehen sich auf den untertägigen Bereich. Auf dem bereits vorne gezeigten Dreifachtaler von 1664 sieht man beispielsweise den mit Schlägel und Eisen arbeitenden Bergmann in einem Hohlraum, der im Liegenden eine auffällig treppenartige Stufung hat. Hiermit wollte der Münzmeister offenbar den im Harz zu

jener Zeit häufig angewandten Strossenbau darstellen. Dazu zunächst wieder eine zeitgenössische Beschreibung des Strossenbaues, wie im "Hellpolierten Bergbauspiegel" überliefert:

"Es wird aber ein Gebäude angestellet durch Absincken und Auslangen. Diese müssen seyn, damit man zu ordentlichen Strossen kommen, und einen Häuer nach dem anderen anbringen kan, so ferne beständige Anbrüche vorhanden. Die Strossen aber sind um nachfolgende Ursachen nutzbar: Erstlichen, daß sich ein Häuer vor dem anderen berühren und seine Arbeit ungehindert verrichten kan. Zum andern, weil dieselben Strossen aus dem Gesencke oder tieffesten heraus, auf beyden Seiten nach der Länge des Ganges eine über der andern, gleichwie Staffeln auff der Steigen, manches Orts 1/2-Lachter hoch, 1. oder 2. Lachter lang, daß von solchen die Wasser ablauffen und dem tieffesten oder Gesänke zugeführt können werden, allda sie beisammen, und entweder durch Menschen-Hände oder Künste gegen dem Tage zugebracht werden mögen, und den Arbeitern keine Verhinderung bringen. Zum Dritten, daß man auch den Häuern darauff recht verdingen, oder ihr Tagewerck, was ein jeder eine Schicht machen soll, darauf recht sehen und abnehmen kan."

Bei dem Strossenbau handelt es sich also um die Gewinnung in treppenförmigen Absätzen von oben nach unten unter nachfolgender Ausfüllung der ausgehauenen Räume mit Versatz, das heißt mit taubem Gestein, um ein Zubruchgehen der entstandenen Hohlräume zu verhindern. Wie aus dem vorhergehenden Zitat ersichtlich, hatte der Strossenbau den Vorteil, daß zur gleichen Zeit viele Bergleute im Gewinnungsbetrieb (mit Schlägel und Eisen) im Einsatz sein konnten. Außerdem gestattet es der zentral liegende Schachtsumpf, die anfallenden Grubenwasser von dort mittels Pumpen zu heben.

Abb. 12: Ausbeute-Doppeltaler der Grube "Herzog Johann Friedrich".
Münzstätte: Clausthal
Münzdurchmesser: 4,5 cm
Querschnitt durch das Grubengebäude mit einem untertägigen Wasserrad auf der zweiten Sohlenstrecke.

Nun eine weitere Spezialität aus dem Bereich der Energiewirtschaft im historischen Oberharzer Bergbau. Schauen wir uns zunächst einen Ausschnitt aus dem Ausbeutedoppeltaler von 1678 (Münzstätte Clausthal) an. Man erkennt ein im Schacht befindliches untertägiges Wasserrad in einer großräumigen Radkammer. Ein derartiges untertägiges Wasserrad hatte natürlich nur dann einen Sinn, wenn das zum Antrieb des Wasserrades benötigte Aufschlagwasser zusammen mit den aus noch tieferen Grubenbauen mittels eben dieses Wasserrades gehobenen Grubenwässern über einen entsprechenden Wasserlösungsstollen abfließen konnte. "Wasser hebt Wasser" war hierbei die Devise, der "Alten". Bereits Agricola hat diese Technik in "De Re Metallica" dargestellt.

Abb. 13: Clausthaler Ausbeute-Medaille 1677. Sechs-
faches Talergewicht.
Münzdurchmesser: 7,5 cm
Münzstätte: Clausthal
Münzmeister: Heinrich Bonhorst

Der Wasserlösestollen ist zwar auf der Münze im einzelnen nicht erkennbar, dennoch
aber zeigt das untertägige Wasserrad, was
hier gemeint ist. Der entscheidende und
kostspieligere Teil dieser Technik "Wasser

hebt Wasser" war nun aber gerade der Wasserlösestollen. Die Anlage eines solchen Stol-
lens, der zunächst nicht dem Abbau der Er-
ze sondern nur der Entlüftung und Entwäs-
serung des Grubengebäudes diente, war ei-

ne teure Sache, weil er nicht sofort Gewinn einbrachte. In der Geschichte des frühen Bergbaus finden wir daher meistens die Fürsten als Besitzer derartiger Stollen, die man Erbstollen nannte. Nach dem alten Bergrecht erhielt der Besitzer des Erbstollens einen Teil vom Ertrag, im Harz war dies der sogenannte Stollenneunte. Bereits im Jahr 1524 wurde bei Wildemann der Bergbau mit der Aufwältigung des schon vom "Alten Mann" getriebenen Tiefen Wildemann-Stollens, dem späteren 13-Lachter-Stollen, begonnen.

Weitere Stollenbauten wurden im Laufe der Jahrhunderte angelegt, von denen insbesondere der 24 km lange Tiefe Georg-Stollen (Mundloch in Grund, Bauzeit 1777 bis 1799) und schließlich der Ernst-August-Stollen (Mundloch bei Gittelde, Bauzeit 1851 bis 1864) berühmt geworden sind. Ein interessantes technisches Detail im Zuge des Ernst-August-Stollens ist die bereits im Jahr 1803 angelegte sogenannte Tiefe Wasserstrecke, auf der das aus den tieferen Grubenbauen gehobene Wasser gesammelt wurde, um von dort aus auf den damals gerade in Betrieb gegangenen Tiefen Georg-Stollen gepumpt zu werden. Ab 1833 diente diese tiefe Wasserstrecke für einige Jahrzehnte als Transportweg für die Grubenerze zum zentralen Förderschacht. Zu diesem Zweck stand eine kleine Flotte von 50 Booten im Einsatz.

Der zuletzt erbaute Ernst-August-Stollen einschließlich der in ihn eingebundenen Tiefen Wasserstrecke hatte eine Gesamtlänge einschließlich der Flügelörter von 26 km. Er stellte eine untertägige Verbindung aller großen Gruben des Oberharzer Reviers "von Grund bis Lautenthal" her. Betrachtet man das Ganze einmal aus der energiewirtschaftlichen Sicht, so stellte ein derartiges Stollensystem die untere Ebene dar, während die obere Ebene aus der Summe aller Teiche auf dem Höhenniveau der Clausthaler Hochebene bestand. Die Höhendifferenz zwischen beiden Ebenen (rd. 370 m) stand also für die Energiegewinnung zur Verfügung. Dieses Potential bewirkte, daß nicht nur Wasserräder sondern später auch Wassersäulenmaschinen bzw. Pelton-Turbinen in großem Umfang im Oberharzer Bergbau Eingang fanden. Vor allem die zuletzt genannte Technik, der Einsatz von Pelton-Turbinen, welche elektrische Generatoren antrieben, stellte die Fortentwicklung der Energieerzeugung vom Wasserrad bis zum elektrischen untertägigen Wasserkraftwerk dar. Die gesamte übertägige Wasserwirtschaft, das heißt, alle Teiche, Gräben usw. in Verbindung mit den untertägigen Kraftanlagen auf dem Niveau des Ernst-August-Stollens war somit ein einzigartiges zusammenhängendes Verbundsystem, welches die Oberharzer Bergleute geschaffen hatten.

Der letzte Themenkreis sei dem Aufbereitungs- und Hüttenwesen gewidmet: Auf einer Clausthaler Ausbeutemedaille, welche im Jahr 1677 von Münzmeister Heinrich Bonhorst in der Clausthaler Münze geprägt worden ist, kann man eine Aufbereitungsanlage, bestehend aus wassergetriebenem Pochwerk und drei Planenherden (letztere im vorne offenen Gebäude) erkennen. Aus dem "Bericht vom Bergwerk..." von Löhneyß stammt die Abbildung eines derartigen Pochwerks, bestehend aus einem Wasserrad, welches über eine Nockenwelle die mit eisernen Pochschuhen bewehrten Pochstempel antreibt. Das Erz wird nun mit der Schaufel von Hand unter die Pochstempel gebracht und dort durch diese zerstampft. Das zerkleinerte Erz wird anschließend unter Zuhilfenahme von Wasser über die Planenherde geschwemmt, wodurch sich Metall und taubes Gestein trennen lassen.

In den früheren Jahrhunderten sorgten eine große Zahl von Pochwerken und Erzwäschen in den Tälern des Oberharzes für diese Art der Erzaufbereitung, wobei das Erz dann anschließend einem Röstprozeß unterworfen werden mußte, um den Schwefel entweichen zu lassen. Die eigent-

Abb. 14: Darstellung eines Pochwerks aus Löhneyß "Bericht vom Bergwerk …", erschienen 1617.

liche Metallgewinnung erfolgte schließlich in den Schmelzhütten, wie sie bereits seit 1532 in Wildemann, 1542 in Zellerfeld und 1554 in Clausthal errichtet wurden. In den Metallhütten wurde das sogenannte Werkblei gewonnen, das dann zwecks Trennung des Silbers in die Treiböfen kam. Auf der im Bild dargestellten Medaille sind am rechten Rand im Hintergrund zwei Hüttenbetriebe zu erkennen, wie übrigens auch auf der bereits im dritten Themenkreis vorgestellten Medaille "Auf den Reichtum des Harzer Bergbaus". Die hier gezeigte Hütte kann man an der kräftigen Rauchfahne, die der Münzmeister darzustellen nicht vergessen hatte, erkennen. Dieser "biedere Hüttenrauch" (ein Ausdruck von Professor Carl Schnabel) war den "Alten" noch nicht so suspekt erschienen wie uns, die wir uns durchaus berechtigte Sorgen um unsere Umwelt machen müssen. Insofern hatten die Münzmeister keine Skrupel, "den Schornstein rauchen zu lassen", und man erkennt auch hier wiederum, wie sie versuchten, detailgetreu zu sein.

Zum Schluß sei noch einmal auf die bereits erwähnte Medaille "Auf den Reichtum des Harzer Bergbaues" von Heinrich Bonhorst verwiesen. Die Umschrift "Aurea Herciniae sterilitas ditescit ab imo" verdeutlicht, daß es der Bergbau war, welcher dem Oberharz zu seiner Bedeutung verholfen hatte. In freier Übersetzung bedeutet die lateinische Umschrift: "Die Unfruchtbarkeit des Harzes wird zu einer goldenen, sie steigt aus der Tiefe". Der Münzmeister wollte also sagen, daß erst der Bergbau den an sich unfruchtbaren Harz besiedlungsfähig gemacht hat. Eindrucksvoll wird auf der Münze demonstriert, wie man das zu verstehen hat: Bergwerksanlagen (unter- wie übertägig) sowie Aufbereitungsanlagen und Hütten sind bis ins Detail getreu abgebildet, zwei Füllhörner schütten den Reichtum in Form von Erzbrocken und Talern über den Harz aus, um zu symbolisieren, daß der Fleiß der Bergleute die "Sterilitas Herciniae" (die Unfruchtbarkeit des Harzes) zu einer goldenen ("aurea") gemacht hat.

Claudia Küpper-Eichas

Die Münzfahrbüchse

Ein rätselhafter Name

Unter den Akten zur Clausthaler Münzstätte, die im Archiv des Oberbergamtes Clausthal aufbewahrt werden, befindet sich eine mit dem Titel "Die Münzfahrbüchse". Der merkwürdige Aktentitel macht neugierig, — was ist eine Münzfahrbüchse, wo liegt der Ursprung dieser Bezeichnung?

Eine Büchse oder Dose ist ein Behälter, in dem verschiedene, vorzugsweise kleinere Dinge aufbewahrt werden. Dies können auch Münzen sein, wie zum Beispiel in einer Sparbüchse.
Mutmaßlich handelt es sich bei der Münzfahrbüchse auch um eine Art von Behältnis. Doch welchem Zweck diente sie?

Die Akte enthält einen Bericht der Berghauptmannschaft über die Münzfahrbüchse aus dem Jahre 1850. Doch dieser Bericht kann das Rätsel nur zum Teil lösen helfen, da die Clausthaler Berghauptmannschaft angab, nichts über die Herkunft des Namens Münzfahrbüchse zu wissen.[1]

Wenn die Berghauptmannschaft im Jahre 1850 nicht mehr wußte, was eine Münzfahrbüchse ist, und wir heute nicht mehr wissen, woher der Name kommt, so könnte es erfolgversprechend sein, in der Zeit noch ein wenig zurückzugehen.
Zedlers 'Universal Lexicon' aus dem Jahr 1735 berichtet über die Funktion einer Fahrbüchse:
"ist auf den CreißProbationstagen, welche wegen des Münz-Wesens zu gewissen Zeiten in denen Creißen des Römischen Reiches gehalten werden, eine solche Büchse,

darein der Waradein das auf derer Creiß-Stände Befehl probirte Geld zu werffen pfleget."[2]
In einer Akte aus dem Jahr 1569 findet sich auch die Bezeichnung "Creiß buchssen" für Fahrbüchse.[3]

Ordnung und Kontrolle

Um eine größere Einheitlichkeit der verschiedenen Münzsysteme im deutschen Reich zu erreichen, waren im 16. Jahrhundert die Reichsmünzordnungen verabschiedet worden, die die Organisation des Münzwesens in die Hände der zehn Kreise des Reiches legten. Die Clausthaler Münzstätte gehörte zum Niedersächsischen Kreis, und somit galt hier die Lüneburger Kreismünzordnung von 1572, die auf der Grundlage der Reichsordnung den Münzfuß, die Münzpolizei und alle Verwaltungs- und Aufsichtsorgane bestimmte und regelte. Die Kreisorganisation verlor schon gegen Ende des 17. Jahrhunderts ihre Bedeutung, da die Initiative im Münzwesen auf die erstarkenden Landesfürsten überging und viele Städte ihr Münzrecht verloren.[4]
Die Kreis- und Münzprobationstage sollten zweimal jährlich, wechselnd in Braunschweig oder Lüneburg, zur Kontrolle und Organisation des Münzwesens stattfinden.

Der 'Waradein' oder Wardein kontrollierte Edelmetallgehalt und Gewicht der Münzsorten und warf das probierte Geld anschließend in die Fahrbüchse hinein. Sie diente demnach in erster Linie der Aufbewahrung von Münzprobestücken, war also eine Truhe oder ein Kasten, der aufgrund des Wertes der darin aufbewahrten Silber- oder Goldstücke verschließbar sein mußte.

Ob diese Büchse 'Fahr'-büchse hieß, weil sie auf die Fahrt zum Probationstag mitgenommen wurde, oder ob es eine andere Bewandtnis mit diesem Teil des Namens hat, kann nicht eindeutig geklärt werden.

Abb. 1: Truhe zur Aufbewahrung von Münzmetall und Münzen. Oberharzer Bergwerksmuseum. Ähnlich sah die Münzfahrbüchse aus.

Die Münzfahrbüchse im Clausthaler Zehntgewölbe

Die Fahrbüchse hatte nicht nur auf den Probationstagen, sondern auch in den Münzstätten selbst eine Funktion. Ein in der Akte vorhandener Bericht aus dem Jahr 1724 gibt näheren Aufschluß über den Gebrauch der Münzfahrbüchse:
Von allen wöchentlich auf der Clausthaler Münze geprägten Geldsorten würden ein oder mehrere Stücke mitten durchgeschnitten. Die eine Hälfte erhalte der Wardein zum Probieren, die andere Hälfte werde bezeichnet und versiegelt in die Fahrbüchse gelegt.[5]

In einer Beschreibung des Harzes aus dem Jahre 1793 ist ein Kapitel über die Clausthaler Münze enthalten. Hier ist etwas über den Sinn der Aufbewahrung der Probenhälften zu erfahren:
"Wenn alles Geld zusammen fertig ist, so nimmt der Münzguardein von jeder Sorte ein Stück, und schneidet dasselbe in 2 gleiche Stücken. Die eine Hälfte probirt er, und die andere wird versiegelt, die Sorte, das Jahr, Quartal und die Nummer (Woche) desselben darauf geschrieben, und in das Bergamt geliefert, damit man, wenn auswärts wegen des Gehaltes, auch nach einigen Jahren, etwas erinnert werden sollte, dieses zur Rechtfertigung probiren könne."[6]

Die Münzfahrbüchse stellte demnach ein Kontrollinstrument dar, mit dem nachgewiesen werden konnte, daß keine Gelder "anders als nach den Kreis-Vereinigungen ausgeprägt sind."[7]

Die Eidesformeln der Münzwardeine enthielten eine die Stockproben betreffende Klausel: "...,die Helfte davon in die dazu verordnete und im Zehnten verwahrlig stehende Fahrbüchse, in einem von euch versiegelten Pappier zu legen, darauf die in der Parthey außgemünztete Marckzahl und deren Gehalt zu verzeichnen, die andere Helfte aber in eurer guten Bewahrung zu behalten,..."[8]

Die andere Hälfte der Stockprobe bekam der Wardein, um seine Probe nehmen zu können. Er durfte diese Hälfte offenbar behalten, da als "Accidentien des Guardeins" angeführt wurden:

"1 Brandproben
2 Helfte obiger Stockproben
3 Tiegelproben
4 jährliche Besoldung"[9]

Eine Kommission öffnet die Fahrbüchse

Aufbewahrt wurde die Fahrbüchse im Zehntgewölbe, wo auch von Zeit zu Zeit (ca. alle 10 -15 Jahre) eine Kommission zusammentraf, um die in der Fahrbüchse vorhandenen Münzhälften zu kontrollieren und/oder die Probenhälften der vergangenen Jahre aus der Fahrbüchse zu nehmen, wenn nichts gegen die ausgeprägten Gelder vorgebracht und auch "zu Examinierung deren Geldsorten" keine "Kreis-Probationstage" angestellt worden waren.[10]
Die Kommission bestand meist aus dem Münzmeister, dem Münzwardein und dem Zehntner. Das in der Fahrbüchse vorhandene Silber kaufte bis zum Jahr 1821 der Münzmeister, der das Münzgeschäft auf eigene Rechnung betrieb, zum gleichbleibenden Preis von 11 11/12 Talern die Mark Silber. Nach 1821 trat die herrschaftliche Münzadministration an die Stelle des Münzmeisters. Der Erlös (durchschnittlich 300-350 Taler) wurde für die Fahrbüchse bei der Zehntkasse deponiert. Als im Jahre 1849 feststand, daß die Münze in Clausthal aufgehoben werden sollte, entschloß sich die Berghauptmannschaft, das Guthaben der Fahrbüchse, die nun keine weiteren Einnahmen erhalten konnte, in Wertpapieren anzulegen. Von den 1200 Rthlr. 21 Gr. 2 Pf. Guthaben wurden für 1100 Taler "königlich Hannoversche Porteur Obligationen" zu 5% Zinsen angekauft.[11]

Abb. 2: Das Clausthaler Zehnthaus

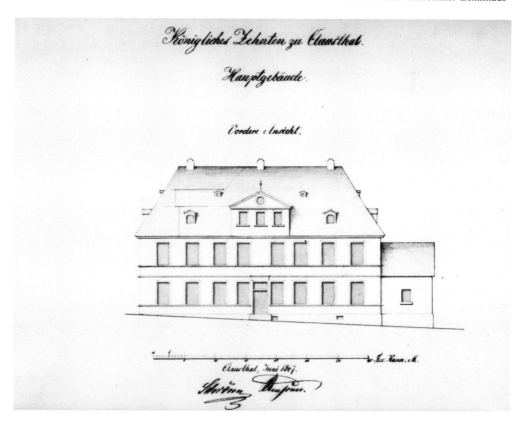

Gnadengeschenke aus der Münzfahrbüchse

Die Münzfahrbüchse war jedoch nicht allein eine Einrichtung zur Kontrolle der ausgemünzten Gelder. Büchse kann in übertragenem Sinn auch Kasse bedeuten.

Die Knappschaftskasse, die älteste der zahlreichen "Harz-Cassen", hieß auch Knappschaftsbüchse und die Beitragszahlungen hießen Büchsenpfennige. Diese Kasse war eine Einrichtung zur Unterstützung der Bergleute und ihrer Angehörigen im Falle von Krankheit oder Erwerbsunfähigkeit (Alter, Invalidität).

Im Gegensatz dazu war das Guthaben der Münzfahrbüchse, das durch ihre Funktion innerhalb des Münzbetriebes anwuchs, nicht von vornherein für einen Zweck bestimmt. So sind die Ausgaben, die daraus getätigt wurden, sehr verschiedenartig.[12]

Daß "sich ein Fürst gegen arme, kranke, beschädigte Bergkleute milt und gnädig" erzeigen solle, schrieb bereits Berghauptmann Löhneyß in seinem Buch aus dem Jahre 1617[13], in dem Kapitel "Von der Erhebung des Bergkwercks". Das sicherte der Landesherrschaft nicht nur Ehre und Gottes Segen, sondern auch Arbeitskräfte, da "die Außländtischen Bergkbursch lust und beliebung haben, sich an denselben ort zu begeben und zu arbeiten".

Aus derselben sozialen Tradition, die die Bergstädte auf der anderen Seite in ein 'gutes Geschrei' brachte, ist die Verwendung eines großen Teils des Guthabens der Fahrbüchse zur Unterstützung einzelner Personen zu verstehen. Es wurden aus dem Guthaben eine Reihe von Gnadengeschenken, Discretionen, Entschädigungen für Lohnausfall oder Mehrarbeit ausbezahlt.[14]

1685 schenkte die kurfürstliche Kammer den Inhalt der Fahrbüchse in unbekannter Höhe dem damaligen Münzmeister Bonhorst;

1708 schenkte der Kurfürst einem Sohn des Bergmedicus Spangenberg 600 Taler zur Finanzierung seines Studiums [dieser wurde später (1725) Münzmeister in Clausthal!];

1724 erhielt die Witwe des Bergmedicus Spangenberg ein Gnadengeschenk in Höhe von 300 Talern;

(seitdem kamen nur noch berghauptmannschaftliche Bewilligungen vor)

1756 Discretion für den Bergprobierer Schacht, dem Kosten wegen der Einrichtung des Probierlaboratoriums entstanden seien, die er aus eigenen Mitteln nicht aufbringen könne, "da nichts so schlecht von den Gewerken alß die Probierungskosten bezahlet werden." Er erhielt eine "beysteuer" von 40 Talern.

1771-1782 mehrfache Discretionen für den Eisenschneider/Graveur Hagen, dessen Wartgeld, da er noch mit Mitte Dreißig als "Eisenschneider Gehülfe" angestellt war, zu seinem Lebensunterhalt nicht ausreichte, weswegen er anscheinend Schulden gemacht hatte. In mehreren Bittbriefen schilderte er seine "betrübten Umstände": "Die jetzigen theuren Zeiten verdoppeln meine Noth, und ich bin nicht mehr im Stande, mir Leinen Zeug und sonstige Kleidung anzuschaffen, weil ich des Wart-Geld auf Hauß Miete, feuerholtz und meine Beköstigung ausgeben muß."

Hagen wurden insgesamt über 100 Taler ausgezahlt. 1782 erhielt er mittlerweile Eisenschneider, einen Vorschuß zur Hausreparatur in Höhe von 50 Talern;

1778 bekam der Bergamtsauditor Magius eine Discretion von 50 Talern [Philipp Ludwig Magius wurde im Jahre 1792 zum Münzmeister ernannt!];

1780 bat der pensionierte Hüttenmeister Opdenaker um einen Zuschuß zu seiner Pension aus der Hüttenbüchse. Diesem Gesuch wurde nicht stattgegeben, aber er erhielt einmalig 20 Taler aus der Münzfahrbüchse;

1781 bekam die Witwe des verstorbenen Münzwardeins Schacht auf ihr Bittschreiben hin 80 Taler;

1782 erhielt der Bergsekretär Uslar 50 Taler Entschädigung, da er "bey einigen Cassen vorgefallenen Unrichtigkeiten und darauf beliebten verbesserten Einrichtung des Cassen- und Rechnungswesens, bisher viele außerordentlichc Beschäftigung gehabt (...)";

1787 wurden dem Bergprobierer Spangenberg 40 Taler Discretion zwecks Anschaffung verschiedener Probiergerätschaften gewährt;

1791 bewilligte die Berghauptmannschaft dem Bergamtsauditor Clodius 50 Taler, da er trotz seines Wartgeldes "durch den hiesigen kostbaren Aufenthalt ziemlich zurückgekommen" sei;

1800 bekam der Zehntner Meyer in Goslar 40 Taler.

Im gleichen Jahr erhielt der Münzschmied Heinrich Ernst Klagroth 10 Taler Unterstützung, da seine Frau "bey ihrer Niederkunft nicht nur den Gebrauch ihrer Vernunft verloren hat, sondern daß sie sogar in eine Art von Raserey verfallen ist, wobei sie die, sonst auch allen Thieren eigenen Triebe für Selbsterhaltung, Reinlichkeit pp völlig verlohren hat und allen den ihrigen und mir ununterbrochen einen jammervollen schauderhaften Anblick gewährt." (...) Es "häuffen sich von der anderen Seite die auf ihre ununterbrochene Bewahrung, auf die Erhaltung einiger Reinlichkeit, und besonders auf die Ernährung und Wartung des zarten Kindes zu verwendenden Kosten so ungemein", daß er sein Bittschreiben in der Hoffnung verfaßte, man möge die "übergroße Last meines Lebens" mildern. Er wandte sich an die Berghauptmannschaft, da "in mehreren Fällen, wo übergroße unverschuldete Leiden den ein oder den anderen der hiesigen Einwohner drückten, solche durch eine großmüthige menschenfreundliche Unterstützung huldreich zu lindern gesucht" worden sei;

1807 erhielt der Bergamtsauditor Albert 45 Taler. [Der Bergamtsauditor Albert ist der spätere Oberbergrat Wilhelm August Julius Albert, der im Jahre 1806 in den Dienst der Clausthaler Bergverwaltung getreten war; auch sein weiterer Lebensweg war mit der Münze verknüpft: Im Jahre 1821 wurde er zum Administrator der Münze, er wohnte in dieser Funktion in der Münze und stellte hier die entscheidenden Experimente an, die ihn zur Entwicklung des Drahtseils führten.]

'nirgens recht unterzubringen gewußt'

Eine andere Gruppe von Ausgaben aus der Münzfahrbüchse stand meist mit einmaligen Vorfällen in Verbindung. Es waren Ausgaben, "die man eben nirgens anders recht unterzubringen gewußt".

1792 entstanden Mehrkosten von 123 Rthlr. 24 Gr. durch Prägung und Verteilung einer Medaille zum Andenken an den Berghauptmann von Reden, die auf die Münzfahrbüchse übernommen wurden;

1800 wurden die Kosten der bei der abgehaltenen Bergrechnung verteilten silbernen Spielmarken und der unter die Puchknaben geworfenen Kupferpfennige in Höhe von 35 Talern aus dem Vorrat der Münzfahrbüchse bezahlt; ähnlich 1802 und 1805;

1802 erhielt der Hüttenschreiber Kleighöhr zur Erstattung der "Kosten und Mühwaltung für angefertigte After- und Schliegproben" 7 Taler;

1803 wurde ein Versuch einer Speisung der Puchknaben mit Rumfordschen Suppen unternommen, der 13 Taler und 13 Groschen kostete;

1804 betrugen die Kosten eines Medaillenstempels, der bei der Ankunft des Marschalls Bernadotte[15] verfertigt worden war, 23 Taler;

1807 bekam der Grabensteiger Krause eine Entschädigung in Höhe von 25 Talern für Verluste auf dem Dammhause, die beim Durchzug preußischer Truppen entstanden waren.

Die 'Rumfordsche Suppe', mit der die Pochknaben im Jahre 1803 gespeist werden sollten, war eine nach dem amerikanischen Physiker Sir Benjamin Thompson, Graf von Rumford (1753-1814) benannte Speise. Im Rahmen seiner Tätigkeit im bayrischen Staatsdienst (seit 1784) führte er u.a. die Kartoffel als Nahrungsmittel ein. Ausgehend von der Erfindung des Dampfkochtopfes durch Denis Papin entwickelte Rumford einen Plan zur kostengünstigen Ernährung der armen Bevölkerung. Er war der Überzeugung, daß selbst minderwertige Nahrungsmittel durch die Zubereitung in Dampftöpfen in eine gehaltvolle und wohlschmeckende Suppe verwandelt werden könnten. Dieser Vorschlag traf auf große Resonanz. Von einer Suppenanstalt in Prag übernahm man auch in Clausthal das Rezept für einen solchen Eintopf. Doch bei den Armen waren die Suppen wegen des unangenehmen Geschmacks nicht besonders beliebt, und so blieb es auch in Clausthal nur bei einem 'Versuch' der Speisung der Pochjungen. Rumford hatte sich mit seiner wohltätigen Idee zum Opfer von Karikaturen und Satiren seiner Zeitgenossen gemacht, und noch zu Beginn des 20. Jahrhunderts nannten die Berliner das zusammengekochte Essen aus den Volksküchen 'Rumfutsch'.[16]

Münzfahrbüchse und Gymnasium

Von 1808 bis 1831 sah sich die Bergbehörde nicht länger berechtigt, über herrschaftliche Gelder "in einer Weise ferner zu verfügen, welche man von dem Vorwurf der Willkürlichkeit wohl nicht ganz freisprechen kann."[17]

Erst als im Jahr 1831 die Errichtung eines "Gymnasiums erster Klasse" in Clausthal erwogen wurde, griff die Berghauptmannschaft auf die Münzfahrbüchse zurück. Das Finanzministerium in Hannover hatte eine Summe aus der Zehntkasse zur Unterstützung der Schule bewilligt. Hannover stand dieser Einrichtung positiv gegenüber, da den "zahlreichen Beamten am Harze" die Möglichkeit gegeben würde, "ihren Kindern die nöthige Bildung zu verschaffen".[18]

Ein gewisser Restbetrag zu den vom Oberschulkollegium geforderten Mitteln zur Finanzierung des Gymnasiums fehlte jedoch, und die Stadt sah sich nicht in der Lage, ihn aus städtischen Mitteln aufzubringen. Daher wurde zunächst eine Summe von 25 Talern jährlich für eine Dauer von sechs Jahren aus der Münzfahrbüchse gewährt. Am 7. August 1833 wurde der Betrag auf 50 und am 2. November 1835 auf 53 Taler angehoben.

Mit dem Jahr 1849 lief die letzte Bewilligung aus, und es wurden Überlegungen angestellt, ob diese Unterstützung überhaupt weiter gewährt werden könne, da sich die finanzielle Situation der Stadt mittlerweile gebessert habe (v.a. durch die gestiegene Ausbeute der Grube Bergmannstrost und die "vorteilhaftere Benutzung der hiesigen Apotheke").

Die Berghauptmannschaft verwies den Magistrat der Stadt an das Finanzministerium in Hannover, dem sie vorschlug, dem Gymnasium noch eine letztmalige Unterstützung für die Dauer von zwei Jahren zu gewähren. Die Fahrbüchse, bzw. ihr zinsbar belegtes Guthaben, wollte die Berghauptmannschaft zu "milden Zwecken" erhalten.

Das Antwortschreiben aus Hannover enthielt einen ablehnenden Bescheid. Die Münzfahrbüchse sei aufzulösen und das "Capital-Vermögen" zur Tilgung der Schulden der Clausthaler Zehntkasse zu verwenden.[19]
Solche Sondereinrichtungen, die von Hannover aus nicht direkt kontrolliert werden konnten, mißfielen dem Finanzministerium offensichtlich. Schließlich war bei den Verhandlungen über die Einrichtung des "Gymnasiums erster Klasse" eine Bezuschussung aus den "Harz-Cassen", die über die aus der Clausthaler Zehntkasse bewilligten 150 Taler hinausging, abgelehnt worden. Dies war von der Berghauptmannschaft mit dem Rückgriff auf die Münzfahrbüchse, über die sie eigenständig verfügen konnte, umgangen worden.

Hannover verwies den Antrag auf Unterstützung des Gymnasiums an das zuständige Ministerium für Geistliche- und Unterrichts-Angelegenheiten und den zuständigen, zur Unterstützung der hohen Schulanstalten bestimmten Fond der Königlichen-General-Casse.

Die Münzfahrbüchse wurde am 6. September 1850 abgerechnet und aufgelöst.

Fußnoten:

[1] BA CL-Z, Fach 1305/Nr. 11, Bericht der Berghauptmannschaft an das Finanzministerium, 1850.

[2] Zedler, Universal Lexicon, 1735.

[3] OBA CL-Z, hist.u.stat.Nachr. 750, Bericht Christof Sanders vom 23.10. 1569; bezieht sich auf die Goslarer Münzstätte.

[5] OBA CL-Z,Fach 1305/Nr. 11, Bericht aus dem Jahre 1724.

[6] Gatterer, Anleitung den Harz und andere Bergwerke zu bereisen, T. V, 1793, S.606.

[7] OBA CL-Z, Fach 1305/Nr. 11, Bericht aus dem Jahre 1724.

[8] OBA, CL-Z, Fach 1305/Nr. 11; die Formulierung bleibt in den verschiedenen erhaltenen Eidesformeln gleich, die älteste in dieser Akte stammt aus dem Jahr 1685.

[9] Ebenda, Entwurf für eine Eidesformel ohne Jahresangabe.

[10] OBA CL-Z, Fach 1305/Nr. 11, Bericht aus dem Jahre 1724.

[11] OBA CL-Z, Fach 1305/Nr. 11, Bericht der Berghauptmannschaft aus dem Jahre 1850.

[12] OBA CL-Z, Fach 1305/Nr. 11, vgl. auch Bericht 1850.

[13] Löhneyß, Bericht vom Bergwerk, 1617, S. 46f.

[14] OBA CL-Z, Fach 1305/Nr. 11, Bericht aus dem Jahr 1850.

[15] Jean Baptiste Bernadotte, 1763-1844, Marschall Napoleons I.

[16] vgl.: Kiaulehn, Die eisernen Engel, 1953, S. 140-145.

[17] Bericht aus dem Jahre 1850, der anläßlich der Überlegungen zur Unterstützung des Gymnasiums von Hannover angefordert worden war, OBA CL-Z, Fach 1305/Nr. 11.

[18] Ebenda.

[19] OBA CL-Z, Fach 1305/Nr. 11, Schreiben aus Hannover, August 1850.

Quellen:

OBA CL-Z, Fach 1305/Nr. 11.
OBA CL-Z, Fach 68/Nr. 11.
OBA CL-Z, hist.u.stat.Nachr. 750.

Literatur:

GATTERER, D.C.W.J., Beschreibung des Harzes, Teil 5, II. Abt., Nürnberg 1793.

JESSE, W., Münz- und Geldgeschichte Niedersachsens. Werkstücke aus Museum, Archiv u. Bibliothek der Stadt Braunschweig, Bd. 15, 1952.

KIAULEHN, WALTHER, Die eisernen Engel. Geburt, Geschichte und Macht der Maschinen von der Antike bis in die Goethezeit, Hamburg 1953.

LÖHNEYSS, G.E., Vom Bergkwergk. Wie man dieselben Bauwen und in gutem Wolstand bringen soll sampt allen dazugehörigen Arbeiten, Ordnung und rechtlichen Proceß, Zellerfeldt 1617.

ZEDLER, J.H., Großes vollständiges Universal Lexicon, 1735.

Die Clausthaler Münze.

Die Clausthaler Münze hat in alten Zeiten einmal lange stille gestanden und ist kein Geld darin geschlagen, weil's nicht richtig darin war. Da haben denn die Andreasberger und Wildemänner Münzen desto mehr thun müssen und davon rühren noch immer die Wildemänner Münzen und Andreasberger feinen halben und ganzen Gulden, Sechsgroschenstücke, Mariengroschen und Pfennige her. Jetzt werden sie seltener. Nur bisweilen sieht man noch das feine Silbergeld in Sparbüchsen und als Rarität. Wildemänner und Andreasberger Pfennige werden aber noch oft in großen Mengen bei Kartenspielern gefunden. Es wird nicht um einzelne gespielt, nein um Dutzende, um zu sehen, wie viel einer gewonnen oder verloren hat. Wenn das Spiel vorbei ist, so wandern sämmtliche Pfennige entweder in einen Beutel oder in eine Probenbüchse bis zum nächsten Spieltag. Gut das.

Na, die Clausthaler Münze mußte lange Zeit eingestellt werden, weil keiner darin bleiben konnte; alle Nacht kam einer darin um's Leben. Da war's denn natürlich, daß am Ende keiner mehr darin wohnen blieb und ohne Wache konnte doch die Münze auch nicht bestehen. Lange Zeit war hingegangen, und kein Geld mehr darin gemünzt. Da kam einmal ein vornehmer Herr zum Besuch beim Berghauptmann. In der Unterhaltung kam die Rede auch auf die eingestellte Münze, daß keiner sich unterstünde darin zu bleiben, und sie deswegen eingestellt wäre. Da sprach der vornehme Herr, er wolle sie einmal versuchen. Der Berghauptmann wollte seinen Freund erst nicht hinlassen, nachher gab er's aber doch zu. Am folgenden Morgen fand man den armen Menschen todt in der Münze, auf dem Hofe lagen aber seine Beine, die ihm ausgerissen waren. Kurze Zeit darauf kommt ein Soldat hier nach Clausthal, hört die Geschichte von der verwünschten Münze und will sie erlösen. Aber auch er wird todt herausgebracht. Sein Kopf lag am andern Morgen beim Rumpf. Zuletzt kommt ein fremder Bergmann zugereist, der ist klein und buckelig, aber höllisch dreist und pfiffig gewesen. Der läßt sich des Abends in die Münze schließen. Vorher hat er sich aber zwei Lichte, zwei Degen und zwei geladene Pistolen und die Bibel hinbringen lassen. Des Abends steckt er seine Lichte an und setzt sich oben auf die Justirstube, legt seine Waffen zurecht und liest in der Bibel. So nach elf Uhr kommt eine Gestalt zur Thür herein, die ist länger gewesen, wie die Stube hoch; bleibt dann erst stehen, wie sich aber der Bergmann in seinem Lesen nicht stören läßt, setzt sie sich neben ihn auf den andern Stuhl, hört und sieht ihm zu. Dem Bergmann wird aber doch bei der Gesellschaft grün und gelb vor den Augen. Zur Vorsicht hat er die Hand an der Pistole, damit, denkt er, ist er geschützt. Die Gestalt regt sich nicht, bis es zwölf schlägt, dann geht sie ruhig zur Thür hinaus. Von da geht die Nacht ruhig hin, nichts läßt sich weiter sehen noch hören. Die zweite Nacht geht eben so hin; als es aber in die dritte kommt, da denkt der Bergmann, diese Nacht geht's dir an's Leben. Die Nächte hindurch hat dich die Gestalt nur sicher machen wollen. Du sollst deshalb gleich von vorn herein laut in der Bibel lesen, damit die Gestalt das Gotteswort hört, so läßt sie sich dadurch wohl zwingen. Richtig. Elf Uhr kommt die Gestalt wieder; ihr ganzes Wesen ist aber sehr gefährlich. Da liest der Bergmann eben die Worte: Thut Buße u. s. w. Da fängt die Gestalt an zu reden und spricht: O du glücklicher Mensch, der du ausersehen bist, einen unglücklichen Geist zu erretten. Ich sage dir, die Engel werden sich über dich und mich freuen; denn du hast mich zur Buße geführt, du hast mich aus den Krallen des Teufels erlöst. Wisse, ich bin der vorige Münzmeister, der so viel betrogen und so viel Silber über die Seite geschafft hat, und der sich selbst das Leben nahm. Komm mit, ich will dich reich machen dafür, daß du mich zum Geständniß gebracht hast. Er geht mit ihm hinab in den Pferdegaipel und zeigt ihm in der Ecke einen Stein, den möge er in die Höhe heben, so würde er unendliche Schätze finden. Er aber (die Gestalt) würde sich nie wieder sehen lassen und nun könne wieder gemünzt werden. Von da an hat der Bergmann genug gehabt, und die Münze ist wieder in Gang gekommen, bis dahin, daß sie nach Hannover verlegt wurde.

Besucher der Münze sind in die Sagenwelt des Harzes eingegangen. Welch grausige Folgen ein Besuch auf der Münze haben konnte, schildert diese Harzsage mit dem Titel "Die Clausthaler Münze", die sich in einer Harzmärchensammlung August Eys findet.

Synopse
Vergleichende Darstellung der geschichtlichen Zusammenhänge

Landes-herrschaft	Münzwesen	Münzbetrieb, Gebäude	Münzmeister	Münzwardein
	1572 Lüneburger Kreismünz-ordnung, ein einheitliches Münzwesen setzt sich noch nicht durch	Claus-Hof: herrschaft-liches Jagdhaus		
	1613 Friedrich Ulrich, Herzog von Braunschweig-Wolfenbüttel (*1591 †1634)			
1617 durch ein Urteil des Reichskammer-gerichts fällt Grubenhagen an Braunschweig-Lüneburg	1617 Christian d.Ä., Bischof von Minden, Herzog von Lüneburg seit 1611 (*1566 †1633)	1618-1624 Zeit der Kipper und Wipper, Inflation	1616/17 Claus-Hoff wird als Münzgebäude genutzt	1617-1619 Hans Lafferts
			1619-1622 Georg Krukenberg	1617-1634 Andreas Lafferdes
1618-1648 Dreißigjähriger Krieg	1633 August d.Ä., Bischof von Ratzeburg, Herzog von Lüneburg (*1566 †1636)	1634 Brand in Clausthal, Münze und Amtshaus brennen nicht mit ab	1622-1640 Henning Schreiber	1634-1635 Georg Krukenberg
1626 Eroberung Zellerfelds durch Tilly				1635-1646 Georg Schlangenbusch
	1636 Friedrich von Celle, Herzog von Lüneburg (*1574 †1648)			
1643-1715 Regierungszeit Ludwig XIV., Ausbildung des Absolutismus	1648 Cristian Ludwig, Herzog von Braunschweig-Lüneburg (*1622 †1885)		1640-1675 Lippold Weber	1646-1663 Johann Liebmann
	1665 Johann Friedrich, Herzog von Calenberg (*1625 †1679)	1667 Münzvertrag von Zinna zwischen Kurbrandenburg und Kursachsen, 10 1/2-Taler-Fuß Kurantmünzen zu 2/3 u. 1/3 Taler Braunschweig-Lüneburg schließt sich an, umfang-reiche Prägung von Stücken zu 24 und 12 Mgr.	1674 Neubau der Münze, neues Druck-Justier- und Stoßwerk	1663-1673 Julius Philipp Eisendrath
	1679 Ernst August, Herzog von Calenberg-Hannover, seit 1692 Kurfürst (*1629 †1698)		1675-1711 Heinrich Bonhorst	1673-1680 Heinrich Schlangenbusch
				1680-1701 Johann Christoph Reiling

142

Landes-herrschaft	Münzwesen	Münzbetrieb, Gebäude	Münzmeister	Münzwardein
1701 Act of Settlement, hannoversche Thronfolge in Großbritannien	**1698** Georg Ludwig, Kurfürst von Hannover, Herzog von Braunschweig-Lüneburg, ab **1714**	**1690** Vertrag von Leipzig, 12-Taler-Fuß. 12 löthige		**1701-1718** Heinrich Albrecht Charisius
Preußen wird Königreich	als Georg I. auch König von Großbritannien (*1660 †1727)	Stücke zu 2/3 Taler	**1717** Anbau an das Münzgebäude	
1714 Personalunion Hannover-Großbritannien	**1727** Georg II., König von Großbritannien und Kurfürst	**1725** Brand in Clausthal, Neubau der Münze	**1711-1725** Heinrich Christian Bonhorst **1725** Kommission: Schlüter, Spangenberg	**1716-1725/26** Christian Philipp Spangenberg
1740-1748 Österr. Erbfolgekrieg	von Hannover, Herzog von Braunschweig-Lüneburg (*1683 †1760)	**1726** Fertigstellung des Neubaus	**1726-1751** Christian Philipp Spangenberg	**1726-1740** Johann Otto Berensbach
1756-1763 Siebenjähriger Krieg		**1750** preußischer 14-Taler-Fuß	**1751/52** Kommission: Uslar, Hinüber, Schlemm, Drönewolf	**1740-1744** Johann Julius Borkenstein **1744-1753** Johann Wilhelm Schlemm
1757/58 u. **1761** Clausthal wird von französischen Truppen besetzt	**1760** Georg III., König von Großbritannien und Kurfürst von Hannover, ab 1814 König von Hannover (*1738 †1820)	mit 12-löthigen Talern behauptet sich bis in das 19. Jh. und lag noch dem deutschen Münzverein 1838 zugrunde **1753** Konventionsmünzfuß, 13 1/2-Taler-Fuß	**1753-1788** Johann Wilhelm Schlemm	**1753-1768** Konrad Ludwig Drönewolf **1768-1781** Johann Eberhard Schacht
		1788 Ende des Communionvertrages von 1653; Schließung der Zellerfelder Münze; gesamte Harzsilber nun in Cl. vermünzt	**1788-1789** Verwaltung: Witwe Amalia Schlemm **1789-1792** Kommission: Magius/Niemeyer Uslar/Hinüber **1792-1799** Philipp Ludwig Magius **1799-1802** kommissarisch: Lunde	**1781-1801** Christian Rudolf Gottlieb Seidensticker
1803 französische Besetzung Kurhannovers **1805** Napoleon tritt Hannover an Preußen ab			**1802-1807** Georg Friedrich Michaelis	**1801-1845** Dr. Johann Ludwig Jordan

Landes-herrschaft	Münzwesen	Münzbetrieb, Gebäude	Münzmeister	Münzwardein
1806 erneute Inbesitznahme Hannovers durch Frankreich; Beginn der Kontinentalsperre **1813-1815** Befreiungskriege **1815** Wiener Kongreß **1816** Deutscher Bund mit 39 Staaten	**1807** Eingliederung des südlichen Kurfürstentums in das Königreich Westfalen unter König Jerome Napoleon		**1807-1810** Lunde **1810-1814** Oberaufsicht: Münzdirektor Fulda/Kassel	
	1814 Hannover wird Königreich unter Georg III		**1814-1818** Lunde	
1822 Einrichtung der Berghauptmannschaft als 7. Verwaltungsbezirk des Königreichs Hannover	**1820** Georg IV., König von Großbritannien und König von Hannover (*1762 †1830)		**1818-1821** Kommission: Albert/Schmidt	
1833 Erlaß des hannoverschen Staatsgrundgesetzes; mehr Einfluß für Bauern u. Bürger **1834** Deutscher Zollverein	**1830** Wilhelm IV., König von Großbritannien und König von Hannover (*1765 †1837) **1834** preußischer 14-Taler- oder Couranttalerfuß in Hannover angenommen		**1821-1838** Münzadministration Administrator W.A.J. Albert, Kontrolleur Dr. J.L. Jordan, Rechnungsführer Chr. Kirchner	
1837 Ende der Personalunion Großbritannien-Hannover Ernst August hebt Staatsgrundgesetzt auf **1840** Erlaß Landesverfassungsgesetz	**1837** Ernst August, König von Hannover (*1771 †1851)	**1839** nur noch legierte Münzen dürfen in Clausthal geprägt werden; Umbauten und Neuanschaffung von Maschinen sind erforderlich	**1838-1849** Münzadministrator: Beermann	**1845-1847** interimistisch: Hüttengehilfe Julius Arend **1847-1849** Karl Zimmermann

144

Landes-herrschaft	Münzwesen	Münzbetrieb, Gebäude

1848/49
Bürgerliche
Revolution:
Nationalver-
sammlung in
Frankfurt
scheitert;
in Hannover auf
Druck der Bürger
neue Verfassung
erlassen;
Unruhen auch im
Oberharz
1867
Gründung des
Norddeutschen
Bundes unter
Führung
Preußens
1870/71
Deutsch/franzö-
sischer Krieg,
Reichsgründung
1888 Kaiser
Wilhelm II.
1914-1918
Erster Weltkrieg
1929
Weltwirt-
schaftskrise
1933
Machtergreifung
1939-1945
Zweiter Weltkrieg
1945
Teilung Deutschlands
1946
Bildung des Landes Niedersachsen aus den
Ländern Braunschweig, Hannover, Oldenburg und
Schaumburg-Lippe
1948
Währungsreform
1949
Gründung der Bundesrepublik Deutschland

1955
Aufnahme der Bundesrepublik in die Nato und
Erlangung der Souveränität
1957
Gründung der EWG

1851
Georg V.,
König von
Hannover
(*1819 †1878)

1866
Hannover wird
Provinz des
Königreichs
Preußen

ab 1871 inner-
halb des
Deutschen
Reiches

1857
Wiener Münz-
vertrag,
Mark wird ersetzt
durch Zollpfund

1849
Verlegung der Münze nach Hannover;
Veräußerung von Inventar und Materialien;
Nutzung als Eisenmagazin und Faktorei geplant,
aber wieder verworfen;

1870
Nutzung:
Verwaltungsgebäude für die Direktion der Ober-
harzer Berg- und Hüttenwerke; oberbergamtliches
Markscheidebüro mit Zeichensälen und Riß-
kammern; Bibliotheken des Oberbergamtes und der
Bergakademie; Archiv im Hintergebäude

1908-1912
Hintergebäude wird zu einer Haushaltsschule
umgebaut

1925 Preussag wird Eigentümerin des Grundstücks

um 1934-1945
Parteihaus der NSDAP

1945
Flüchtlingswohnungen im Hauptgebäude

1947
Erweiterung des auf dem Gelände befindlichen
Kindergarten des Roten Kreuzes

1950
die Bergakademie erwirbt den Grundbesitz
1952
das Studentenwerk wird Eigentümer, Einrichtung
des Wohnheims I im Hauptgebäude
1957
Abriß des Hinterhofgebäudes, Neubau des Wohnheims II;
Verwaltung des Studentenwerkes im historischen Teil des
Gebäudes
1961
Abriß des Brennhauses im Hinterhof
1966
Neubau der Mensa auf dem ehemaligen Münzgelände

1988/89
Sanierung und Umbau des Hauptgebäudes